SOLARENERGIEFORMEN
IN DER ARCHITEKTUR

1. Auflage 1993
© by Verlag Jürgen Häusser, Frankfurter Straße 64, 64293 Darmstadt
Die Rechte am Text und den Entwürfen liegen bei den Autoren und dem Lehr- und Forschungsgebiet »Grundlagen des Entwerfens/Entwerfen«, Universität Kaiserslautern
Alle Rechte vorbehalten / All rights reserved
Printed in the Federal Republic of Germany
ISBN 3-927902-76-4

Die Publikation entstand mit freundlicher Unterstützung von

STIEBEL ELTRON
Technik zum Wohlfühlen.

HERAUSGEBER
Horst Ermel, Rüdiger Thoma

PROJEKTBETREUUNG
Winfried van Aaken, Andreas Dirr, Horst Ermel, Michael Hackmer, Rüdiger Thoma.

HAUSTECHNISCHE BERATUNG
H. J. Kast / HL-Technik AG, München

KATALOGKONZEPTION
A. Dirr, M. Hackmer, S. Niese, M. Wagner, J. Düser, B. Schöpf, D. Westenberger, J. Spitzer

FOTOGRAFIE
M. Kollmann, H. J. Längin

SKRIPT
I. Klomann

ÜBERSETZUNG
Michael Power

KLIMAWERKZEUG ARCHITEKTUR
Solarenergieformen in der Architektur

Entwurfsprojekte
Fachbereich Architektur
Universität Kaiserslautern

Herausgegeben von den
Lehr- und Forschungsgebieten
Grundlagen des Entwerfens/Entwerfen
und
Bauen in alter Umgebung

Mit einem Text
von H. J. Kast

VERLAG JÜRGEN HÄUSSER

Solarenergieformen in der Architektur

Die Umweltbelastung durch fossile Brennstoffe führt zu wachsendem Umweltbewußtsein mit vielen Initiativen von Bürgern, die die ökologischen und volkswirtschaftlichen Ansprüche gegen die betriebswirtschaftlichen Überlegungen verteidigen.

Selbst im »trüben« Mitteleuropa strahlt die Sonne auf eine horizontale Fläche das Jahr über mit dem drei- bis vierfachen des auf die entsprechende Wohnfläche bezogenen Energiebedarfs für Heizung, Warmwasser und Elektrizität. Sonnenenergie steht also in einem Ausmaß zur Verfügung, daß nur ein Bruchteil ihrer Nutzung den Energiebedarf unserer Städte decken könnte. Die technologisch fortgeschrittenste Form der Konversion von Sonnenenergie erfolgt sowohl über die Photovoltaik, wo Zellen aus elektronischen Halbleitern z. B. aus Siliziumkristallen, sogenannten Solarzellen, Licht direkt in elektrischen Strom umwandeln, als auch über Sonnenkollektoren. Der Warmwasser- und Raumheizungsbedarf läßt sich über Sonnenkollektoren decken, die als solarthermische Konverter die einfallende Strahlungsenergie absorbieren und in Wärme umwandeln. Mit ihnen können einzelne Häuser und Gebäudekomplexe bedient werden, aber auch großflächige Solarwärmenutzung mit Einspeisung in Nahwärmeverteilungsnetze ist möglich.

Für den Architekten verwandelt sich mit der baulichen Nutzung der Solarenergie jedes Haus in ein kleines Kraftwerk, was ihn vor bisher ungewohnte gestalterische Aufgaben und Anforderungen an seine Kreativität stellt. Die Form muß hier der Funktion auf eine Weise folgen, daß die Bauelemente zur Umwandlung der Solarenergie auch ästhetisch überzeugen.

Die bisherige Praxis, Solarenergie-Module bei konventionellen Bauvorhaben auf- oder anzusetzen, befriedigen in formaler und funktionaler Hinsicht nicht. Bauformen mit der **passiven** Nutzung der Solarenergie mit ihren Dimensionen des Bioklimas, der Klimakontrolle, der Zonenbildung, der Zuordnung von transparenten, semitransparenten und opaken Bauteilen bilden bereits eine eigene Topologie in der Architektur.

Die **aktive** Solarenergie-Nutzung mit ihren technischen Elementen entwickelt eine eigene Semantik. Die Architekturformen haben darauf zu reagieren und können nicht unbeteiligt daneben stehen. Die umfassende Nutzung der Solarenergie ist gebunden an die Stadtgestalt und die Gestaltung des einzelnen Bauwerks. Damit ist der Berufsstand der Architekten unmittelbar herausgefordert. Was er aber auf diesem Gebiet leisten kann, hängt zu einem guten Teil davon ab, inwieweit technische Universitäten und Hochschulen die bauliche Umsetzung der Nutzung von Solarenergie in ihren Ausbildungsprogrammen berücksichtigen. An der Universität Kaiserslautern – Fachrichtung Architektur – wurde ein großer Entwurf für das Wintersemester 1992/93 mit der Aufgabe gestellt: Solarenergieformen in der Architektur. Auf der Grundlage heutiger und künftiger Technologien sollen Konzepte und Entwürfe entstehen, die sich konstruktiv und energetisch mit den unterschiedlichsten semantischen Bezügen – beispielsweise von kombinierten Sonnenkollektoren im Objektbereich bis zu Solararchitekturen in Nullenergiebauweise – befassen. Die Objekte und Architekturen sollten energieautonom in Funktion und Form konzipiert werden. Sie sollten nicht additiv als Energiegewinnungselement am Baukörper installiert sein, sondern sie müssen die Energieabläufe in Funktion und Form optisch nachvollziehbar demonstrieren.

Durch Vorträge und Studienreisen wurde den Studenten der heutige Stand der Technik in Forschung und Praxis nahegebracht. Zu danken ist dem Büro HL-Technik München für Einführung und Begleitung in energietechnischen Fragen; die Firma Stiebel-Eltron hat durch Produktinformation die Energiegewinnung durch Sonnenkollektoren in Theorie und Praxis erläutert.

Aus 24 abgegebenen Entwurfsarbeiten von Studenten aller Entwurfssemester wurden zehn Arbeiten als charakteristische Lösungen zu dem Thema in den unterschiedlichsten Anwendungsbereichen ausgesucht. Die Entwurfskonzepte reichen vom Einfamilienhaus über Kindergarten, Sportstätten und Forschungsinstituten bis zu Bergstationen.

Die Entwürfe in den unterschiedlichsten Bereichen sollen Anregungen geben, wie das Element des solaren Bauens Einfluß auf die Architektur nimmt.

Horst Ermel/Rüdiger Thoma

Solar energy in architecture

The environmental damage caused by the consumption of fossil fuels has led to a growing environmental consciousness, and today many citizens' initiatives defend ecological and wider global economic claims against the narrower interests represented by everyday business considerations. Even in "cloudy" Central Europe, the sun provides a surface area equivalent to that occupied by housing with three to four times the amount of energy needed for the supply of heating, warm water, and electricity throughout the year. Only a fraction of the available solar energy would be enough to satisfy the electrical needs of our cities. The most technologically advanced forms of converting solar energy make use of the photovoltaic technique, whereby cells made of electronic semiconductors, e.g. from silicium crystals, known as solar cells, convert light directly into electrical current, or they employ solar collectors. The entire demand for warm water and heating systems could technically be covered using solar collectors. These act as solar thermal converters, transforming the absorbed solar energy into heat. Single houses and building complexes can be served with solar collectors. Large surface solar energy harvesting which feeds into local heat distribution networks is also possible.

From the architect's point of view, the integration of solar energy technology in construction planning changes every house into a minor power plant, and places completely new demands on his creativity to solve complex structural assignments and come up with satisfying design solutions. Design must accommodate function to produce aesthetically pleasing ways of integrating the construction elements for solar conversion into the overall housing idea. The practice up to now of simply adding solar energy modules to already existing building plans has proved unsatisfactory both in terms of design and functionality. Construction forms for the **passive** exploitation of solar energy employing bioclimatic elements, climate control, zone formations and transparent, semi-transparent and opaque construction block arrangements, have already created a new topology in modern architecture.

Active solar energy exploitation with its own, unique technical elements, is now developing a semantics all of its own. Architectural form now needs to react to these developments and can no longer afford to wait on the sidelines and ignore these new challenges. Extensive usage of solar energy is closely linked to overall urban planning concepts and of course to the design of single construction objects. This presents a clear challenge to the architectural profession. The profession is, however, largely dependent for its ideas on the degree to which technical universities and colleges include the constructional know-how required for solar energy utilization into their educational programs.

At the Department of Architecture at the University of Kaiserslautern an ambitious plan was draw up for the winter semester 1992/93: "Solar Energy Design in Architecture. Concepts and designs are to be developed on the basis of present-day and future technology. These are to deal with the construction and energetic elements entailed in the various relevant semantic references available, from terms such as combined solar collectors in the realm of objects to solar architecture in zero-energy constructions. The objects and architectural constructions are to be conceived as completely independent energy producers in function and form. The solar elements are not to be added energy production installations, but should rather demonstrate in an optically clearly visible way the function and form of the energy flows involved."

Through presentations and field trips the students were shown the present state of technological research and practice in the field. The offices of HL-Technik in Munich deserve special thanks for their introduction and counselling services in technical energy questions. With the help of their useful product information, the firm Stiebel-Eltron elucidated energy production through solar collectors in both theory and practice.

Out of 24 designs submitted by students from all design semesters, ten works were selected as characteristic solutions in their special areas of application. The design concepts ranged from single family homes to kindergardens, sports stadiums, research institutions and mountain cable railway stations.

The designs from these diverse areas are intended to provide stimulus, and to show the impact solar construction elements will have on the architecture of tomorrow.

Marcus Wagner

ÖKOLOGIEFORUM KAISERSLAUTERN

Das an einer Ausfallstraße gelegene Areal des ehemaligen Steinbruchs Kröckel soll im Rahmen einer zukünftig geplanten Landesgartenschau rekultiviert und neu geordnet werden.

Die zur Zeit noch in Rudimenten vorhandene Gewerbenutzung mit teilweise erheblicher Landschaftszerstörung soll ausgesiedelt und die Auenlandschaft des Lautertales als stadtkernnaher Grünzug wiederbelebt werden.

Als Zentrum ist ein »Ökologieforum« vorgesehen, in dem neben kulturellen Veranstaltungen zum Thema »Mensch und Natur« auch neue Energie- und Umwelttechnologien vorgestellt und anschaulich gemacht werden sollen. Hierzu werden Ausstellungs-, Tagungs- und Seminarräume eingerichtet sowie eine Info-Station und eine Cafeteria.

Bauen für und mit Natur

Der Mensch reißt Wunden in die Natur, raubt das schützende Vegetationskleid. Strukturen werden freigelegt, Entstehung und Metamorphose gezeigt. Ressourcen werden erschlossen, Felsen nach menschlichem Größenverständnis zerkleinert und als Bausteine menschlicher Kultur und Gesellschaft weggebracht. Augenscheinliche Unattraktivität der verletzten Landschaft wird zur Kulisse weiteren zerstörerischen Treibens, Luft und Wasser werden vergiftet.

Hat der Mensch das Interesse verloren, obsiegt der, wenn auch nur noch fragmentarisch vorhandene

Überlebenswille der Natur und überzieht die ihrer Unschuld beraubte Landschaft mit neuem Leben.

Übrig bleiben die Rudimente menschlichen Arbeitens und die der Natur abgerungenen Quader, unbearbeitet, schroff, ihre Herkunft noch zeigend, den Bildhauer inspirierend, die in ihnen schlummernde Form freizulegen.

Energiekonzept

Durch die Nord-Süd-Ausrichtung des Lautertales ergibt sich sinngemäß eine Konzentrierung der Solartechnik an der Südspitze des Gebäudes.

Die hier angeordnete Glasfläche dient einerseits als Kollektorträger, andererseits durch den dahinter befindlichen zum Gebäude hin abgeschotteten Wintergarten

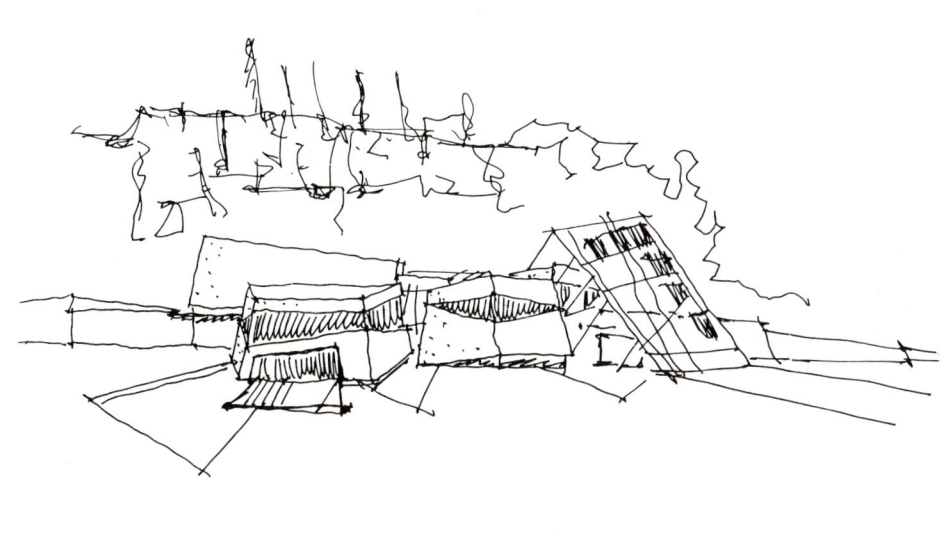

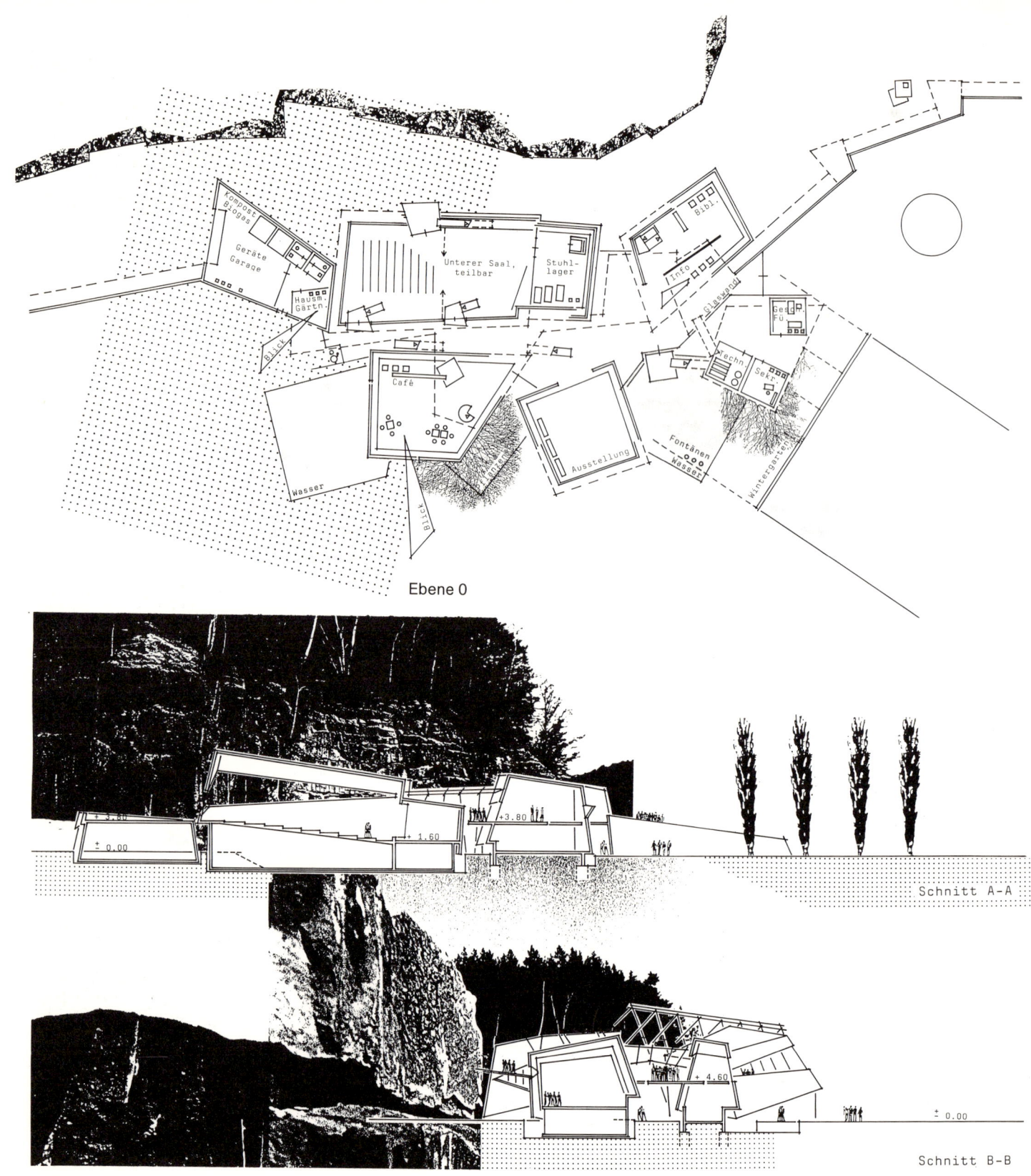

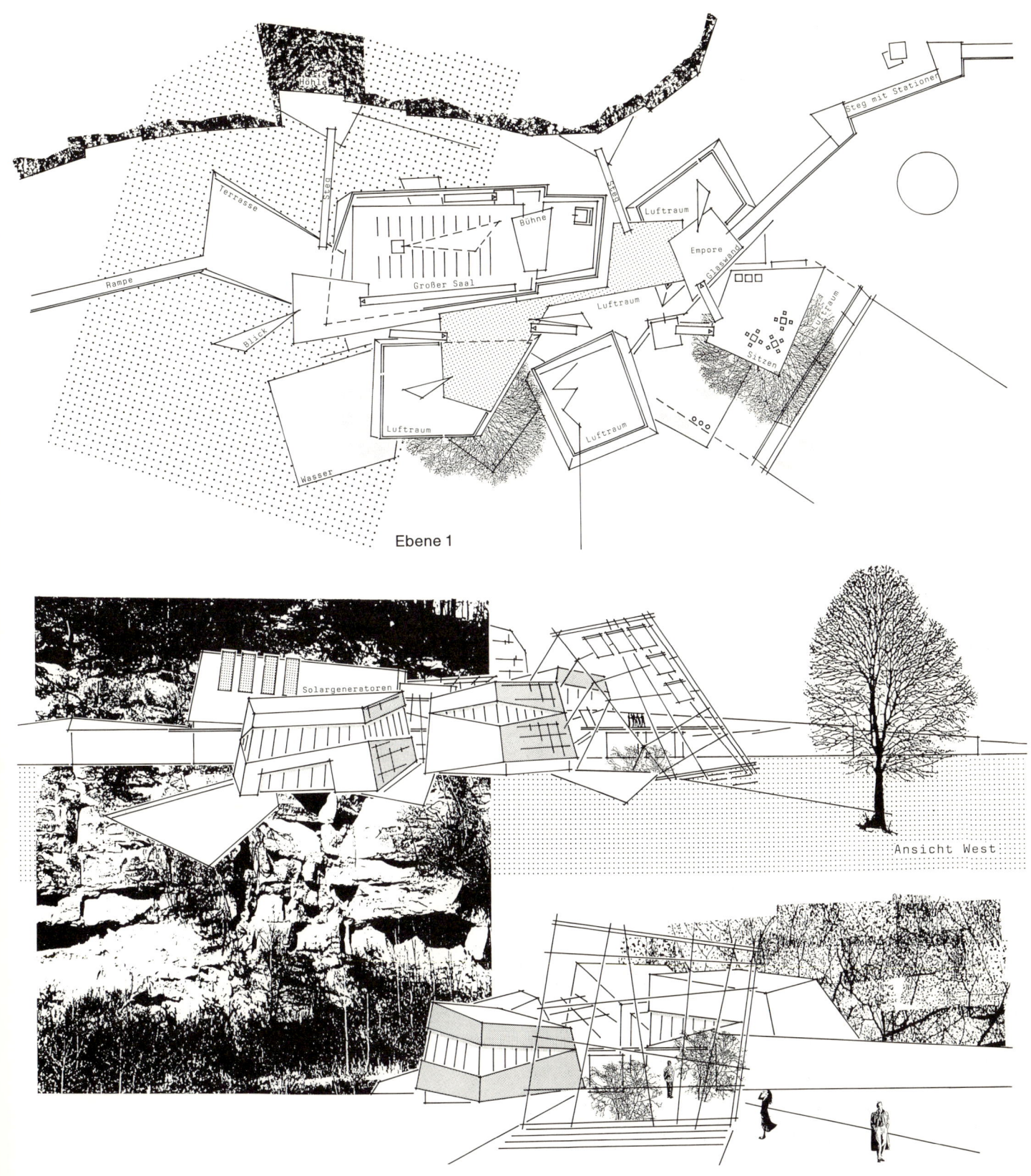

aufgrund der entstehenden Thermik als Luftförderer. Die Luftverteilung im Gebäude erfolgt über Klappen und Rohre, unterstützt durch Ventilatoren, die durch Solargeneratoren betrieben werden. Im Sommer wird kühle Luft von der Nordseite angesaugt, im Winter erwärmte Luft aus dem Wintergarten in die Räume geleitet. Die Heizung erfolgt, begünstigt durch den hohen Grundwasserspiegel, über eine Wärmepumpe, die dem Wasser Wärme entzieht. Unterstützend treten dabei Solarröhrenkollektoren in Funktion.

Als Notversorgung ist ein wahlweise mit Bio- und Erdgas zu betreibender Heizkessel angeordnet. Die Warmwasserversorgung erfolgt analog. Der Strombedarf wird durch Solargeneratoren, die an den nach Süden ausgerichteten Fassadenflächen angebracht sind, gedeckt. Überproduktion wird ins Netz eingespeist.

Die Effektivität der Solartechnik wird durch einen als Reflektionsfläche fungierenden Regenwassersammler gesteigert, der auch gleichzeitig zur Bewässerung der Grünanlagen dient und im Sommer durch Verdunstung das Kleinklima positiv beeinflußt. Eine Kompostieranlage und eine Rohrleitung zur nahen Kläranlage versorgen die Zusatzheizung mit Biogas.

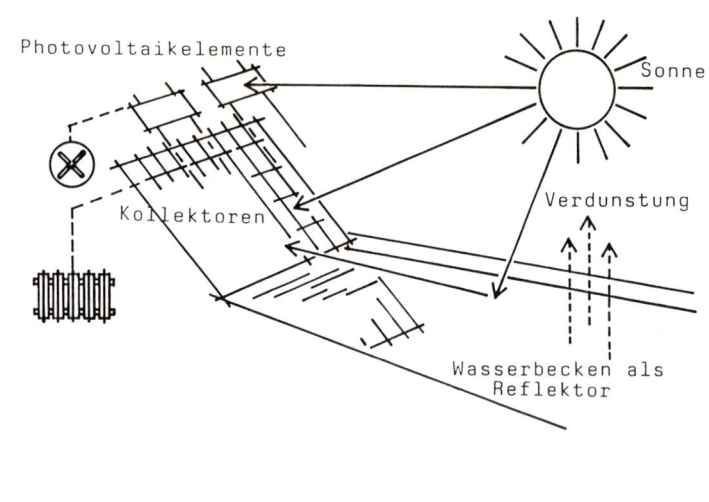

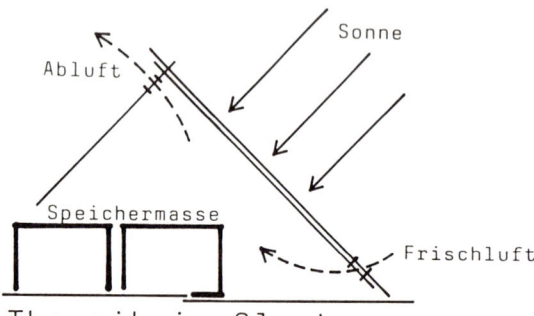

Prinzip Thermik im Glashaus
Passive Solarnutzung

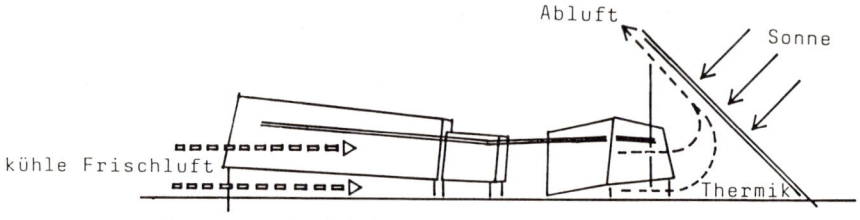

Sommerbelüftung
unterstützt durch Ventilatoren
Glashaus als Luftförderer

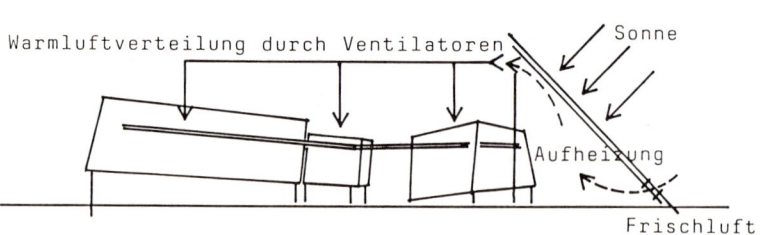

Winterbeheizung

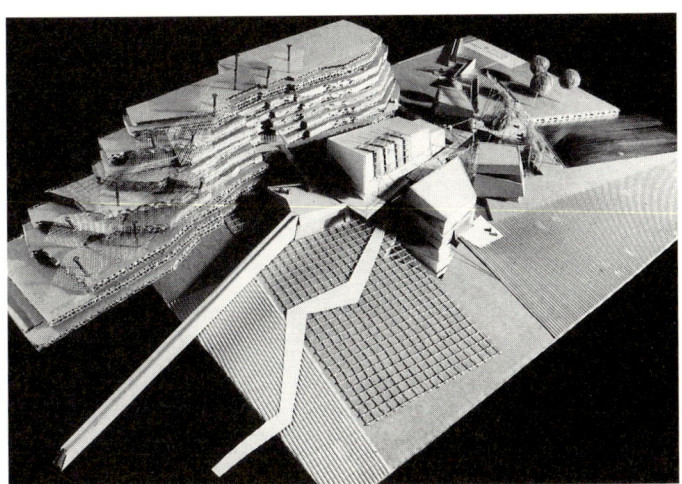

Thomas Hörner

TECHNOLOGIE- UND FORSCHUNGSINSTITUT

Das Planungsgebiet liegt im Osten der Stadt Neustadt an der Weinstraße unmittelbar an der Haupterschließungsstraße eines Gewerbegebietes.

In unmittelbarer Umgebung befinden sich Gewerbebetriebe und Flächen der Stadtgärtnerei. Das Gebiet ist bevorzugter Standort neuer Gewerbeansiedlungen, wobei die Attraktivität von den umliegenden Grünflächen und dem angrenzenden Ordenswald ausgeht.

LAGEPLAN M. 1:1000

Entwurfsidee: Im Gewerbegebiet soll ein Forschungsinstitut für Solar- und Wasserstofftechnologie entstehen, das neben der Forschung und Entwicklung auch den Umgang mit neuen Energiequellen erleichtert und durch eine informelle Öffentlichkeitsarbeit Berührungsängste abbaut. Durch die Integration von verschiedenen Forschungsbereichen (Solarenergie, Wasserstofftechnologie und Kraftfahrzeugtechnik) soll auch der Umgang der verschiedenen Fachgebiete miteinander erleichtert und intensiviert werden. Durch Schulungen und Vorträge sollen interessierte Menschen für diese Energiequellen gewonnen und mit dem notwendigen Know-how versorgt werden.

Der Baukörper orientiert sich stark an der Grundstücksform. Diese Keilform wird durch die als Rückgrat ausgebildete Nebenzone und die nach Südwesten herausgedrehten Werkstattbereiche geschaffen. Im westlichen Grundstücksteil ist über einen Verbindungssteg der Hörsaalkomplex als eigenständiger Baukörper angeschlossen. Durch seine außergewöhnliche Form wird dem Besucher der Blick ins Freie ermöglicht. Die Bauform spiegelt auch den Grundgedanken einer innovativen technischen Bebauung wieder. Im Gebäude sollen etwa 20 bis 30 Mitarbeiter tätig sein. Möglichkeiten zur Schulung und Weiterbildung sollen ebenso wie öffentliche Vorträge und Ausstellungen geschaffen werden.

FÜR REGENERATIVE ENERGIEQUELLEN

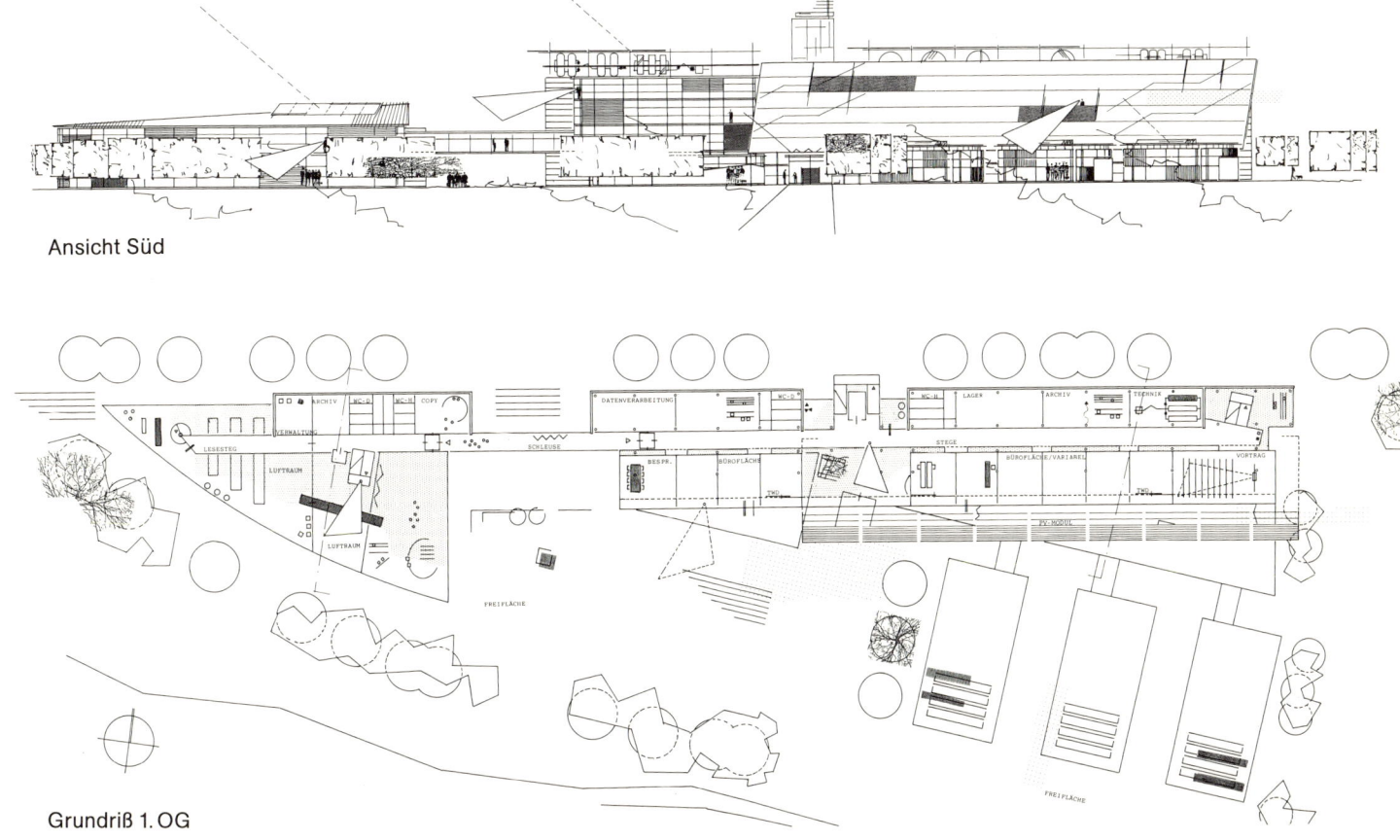

Ansicht Süd

Grundriß 1. OG

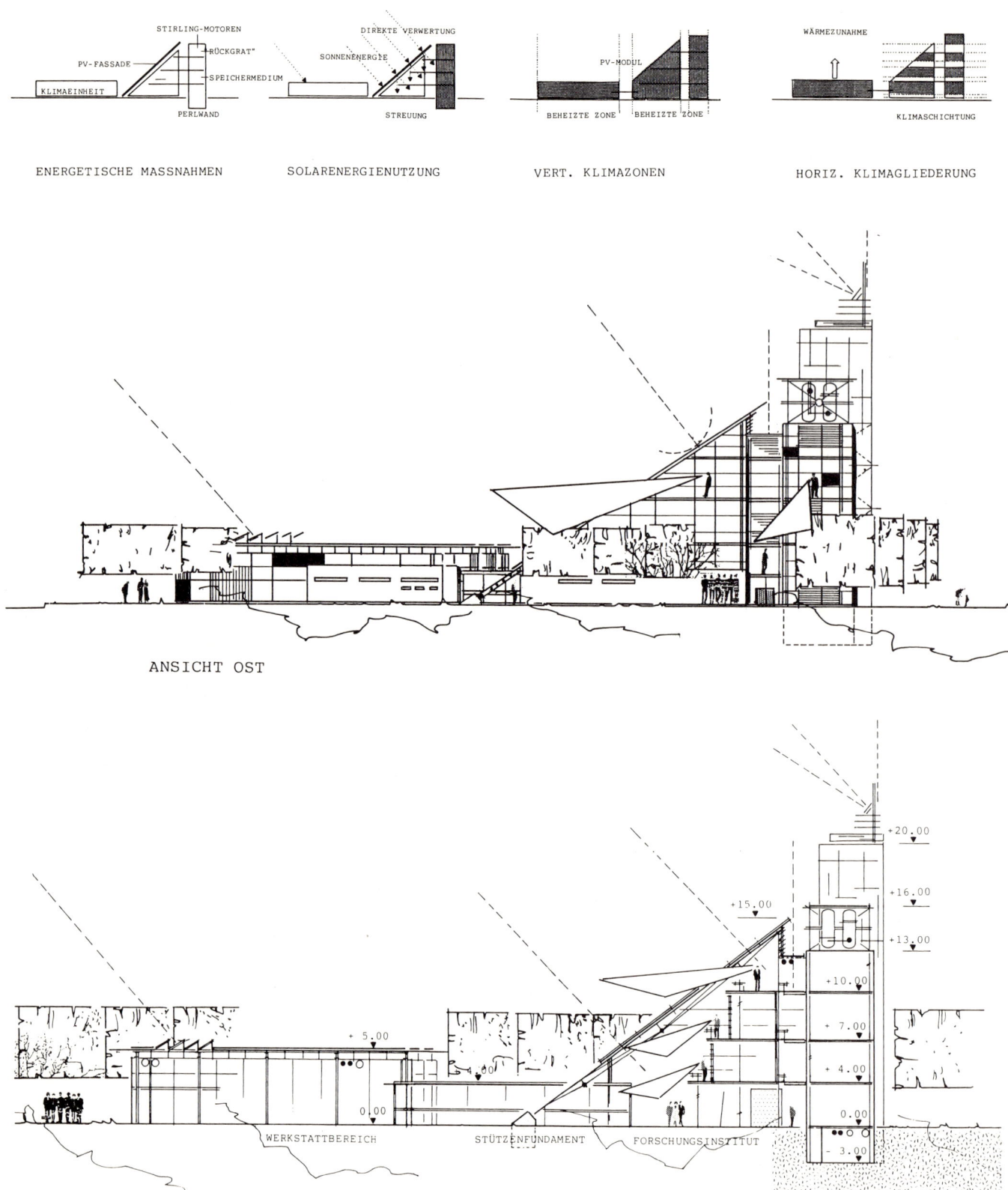

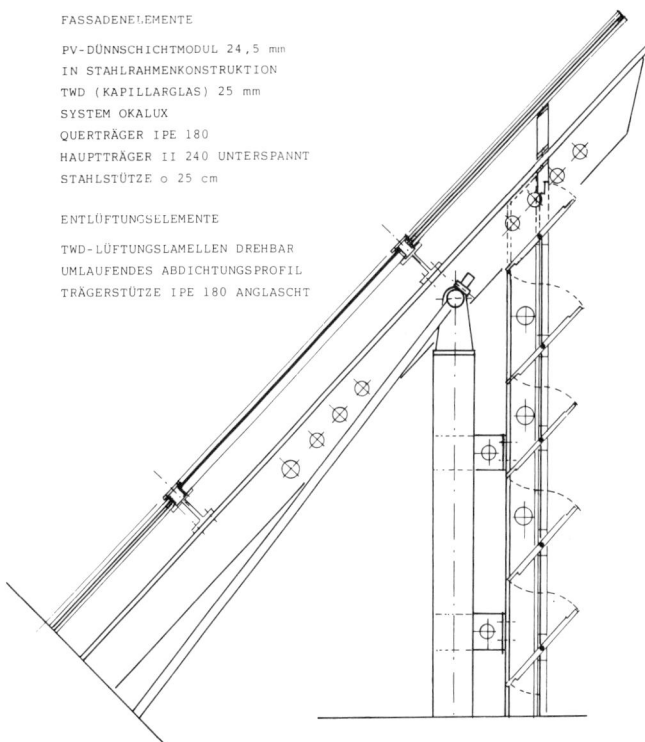

FASSADENELEMENTE

PV-DÜNNSCHICHTMODUL 24,5 mm
IN STAHLRAHMENKONSTRUKTION
TWD (KAPILLARGLAS) 25 mm
SYSTEM OKALUX
QUERTRÄGER IPE 180
HAUPTTRÄGER II 240 UNTERSPANNT
STAHLSTÜTZE o 25 cm

ENTLÜFTUNGSELEMENTE

TWD-LÜFTUNGSLAMELLEN DREHBAR
UMLAUFENDES ABDICHTUNGSPROFIL
TRÄGERSTÜTZE IPE 180 ANGLASCHT

Annette Schmidt

KULTUREI – KAISERSLAUTERN

Im Augenblick stellt sich das Gelände als ein grünes Fleckchen zwischen Industriegebiet und Bundesstraßen dar. Im Zuge der Gartenausstellung ändert sich die Situation grundlegend. An dieser Stelle entsteht das Kulturei. Es gestaltet die Eingangssituation mit, bildet den ersten Schwerpunkt auf dem Gelände und erschließt das Plateau (Bildhauersymposium und Wohnbebauung).

Die Nutzung vor und während der Ausstellung unterscheidet sich geringfügig. Die direkte Umgebung des Kultureies wird durch die Revitalisierung des Lauter-Baches sowie die Ausbildung eines Regenwasserauffangbeckens mit Wasser umgeben. Die Vegetation wird in ihrer wilden Art erhalten.

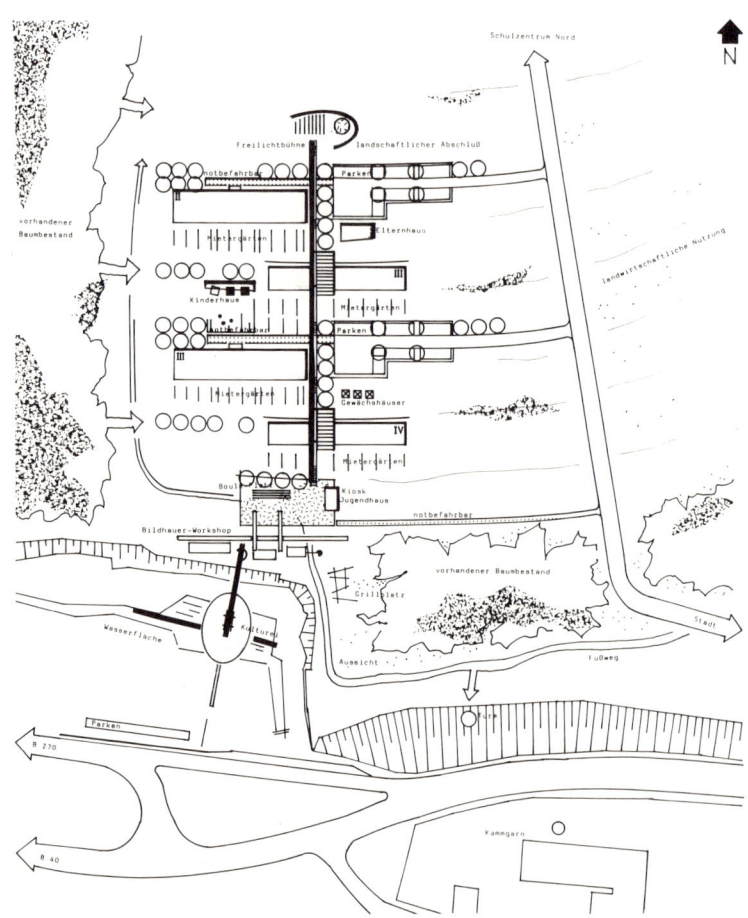

Die Form: Das Ellipsoid bildet eine Art Kosmos. Einen Kosmos, der Raum für Kunst, Film, Musik und Kommunikation bietet. Die Gebäudehülle begrenzt diesen Raum. Sie bildet die ideologische sowie klimatische Haut. Diese Haut ist im oberen Bereich transparent ausgebildet.

Somit leistet dieser Teil des Gebäudes einen wesentlichen Beitrag zur passiven Energiegewinnung. Das drehbare PV-Element nutzt zusätzlich aktiv die Einstrahlung. Es trägt zusammen mit der steuerbaren Fassade zur Regulierung des Lichteinfalls und somit zum Schutz vor Hitze und Kälte bei.

Der untere Bereich des Gebäudes ist massiv ausgebildet. Er steht damit im Kontrast zur oberen leichten, transparenten Hälfte. Dieser massive Teil schützt das Gebäude vor Wärmeabstrahlung auf der der Sonne abgewandten Seite.

Die Schale dient außerdem als Wärmespeicher. Ihre Masse gleicht die täglichen Temperaturschwankungen aus. Dieser Bereich beinhaltet das Kino, das Foyer sowie technische Einrichtungen. Der Erschließungsturm erschließt das Gelände auf dem Kaisersberg fußläufig.

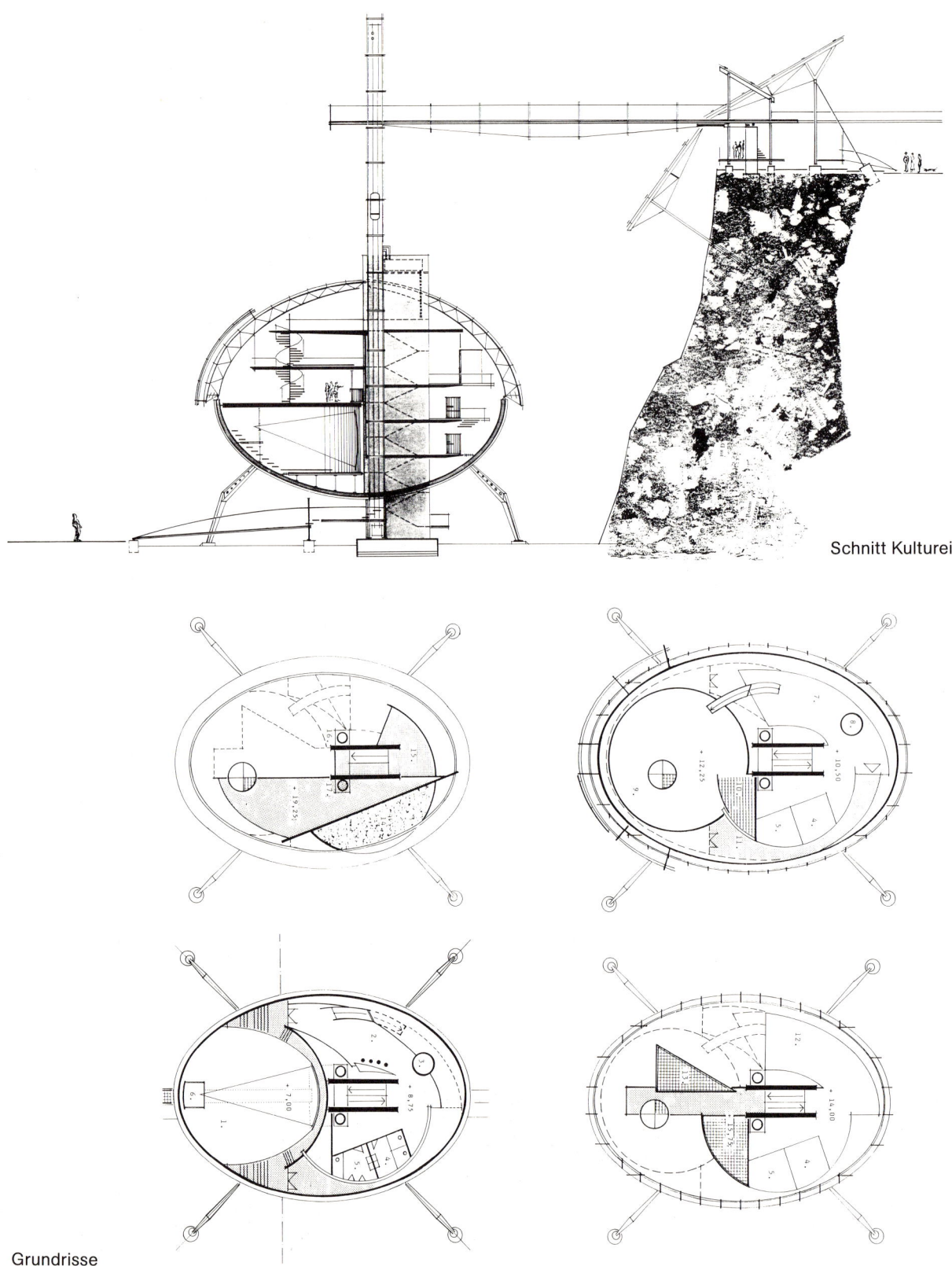

Schnitt Kulturei

Grundrisse

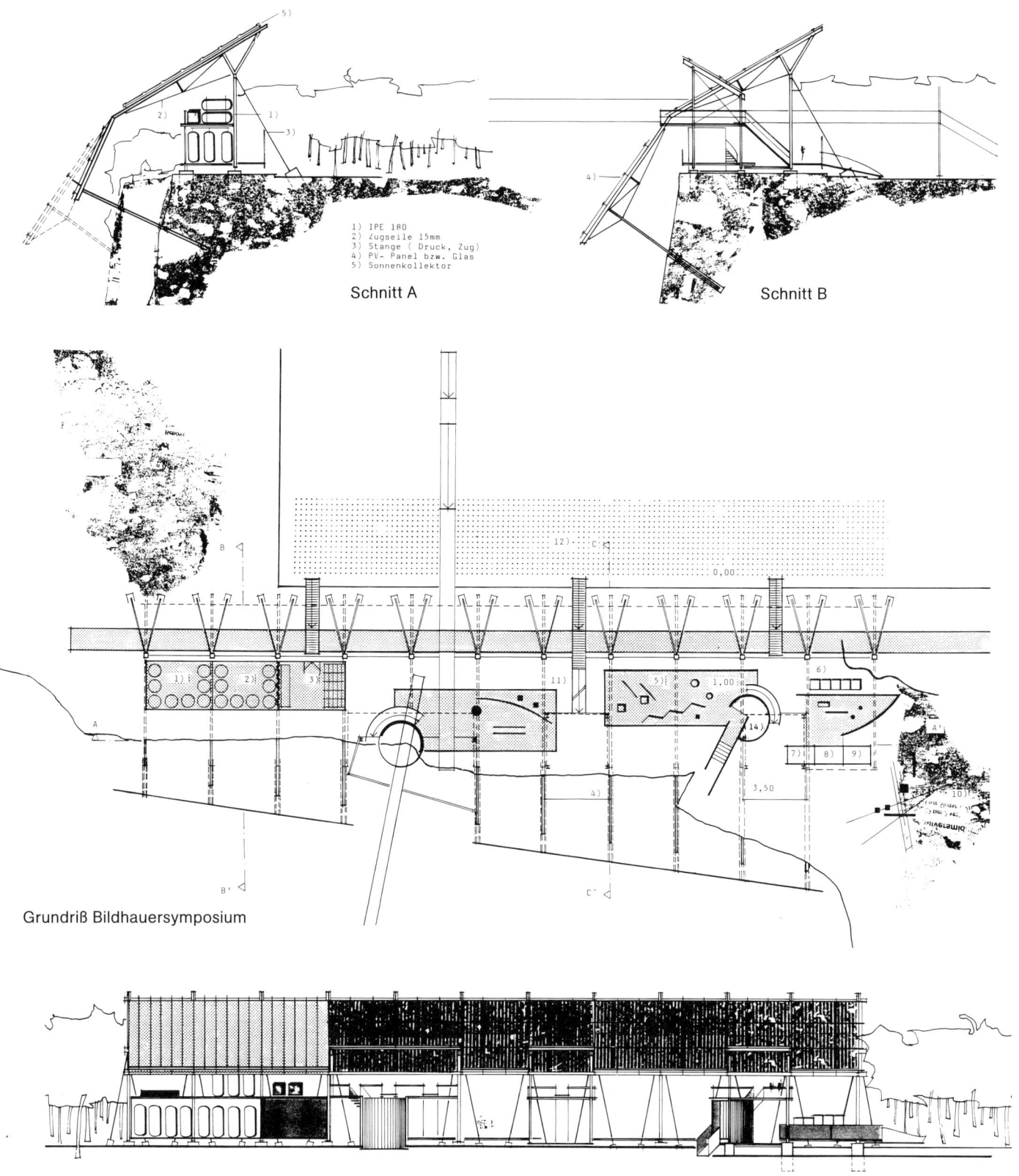

1) IPE 180
2) Zugseile 15mm
3) Stange (Druck, Zug)
4) PV-Panel bzw. Glas
5) Sonnenkollektor

Schnitt A

Schnitt B

Grundriß Bildhauersymposium

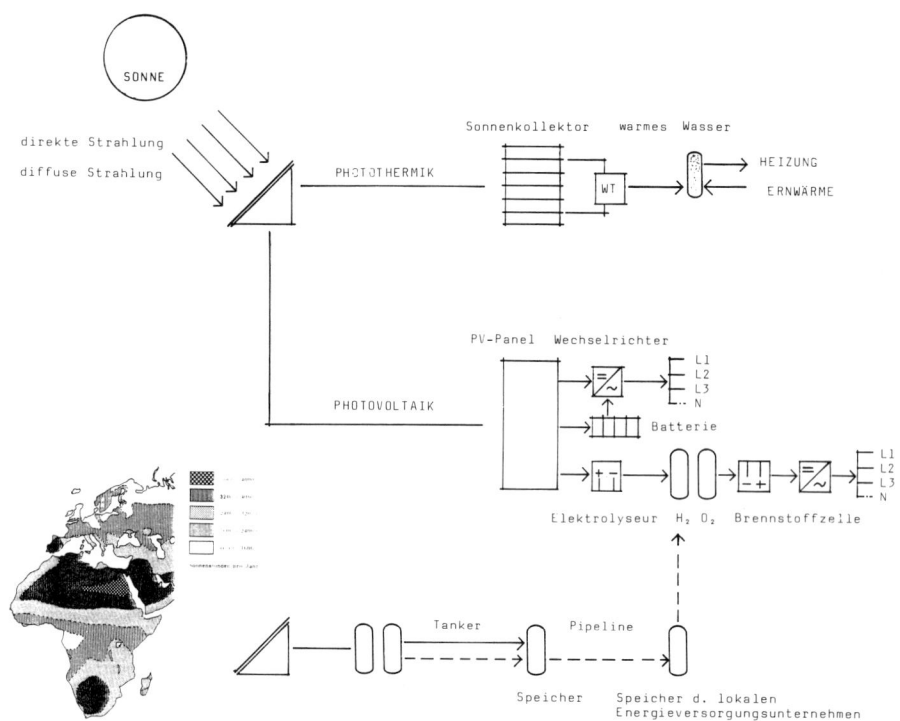

Die Überdachung des Bildhauersymposiums wird mit Sonnenkollektoren und Photovoltaikmodulen bestückt.
Die Kollektoren nutzen das Sonnenlicht photothermisch, d.h. sie erhitzen das, für die Raumheizung nötige Wasser.
Es steht eine Fläche von 220m², welche 126 Vakuumflachkollektoren, Typ SOL 180 plus, Stiebel Eltron, aufnehmen kann, zur Verfügung.
Das warme Wasser wird in 13 1000l Tanks gespeichert. Das überflüssige Wasser wird im Sommer der Warmwasserversorgung des Wohngebietes zugeführt.
Im Bedarfsfall wird das Wasser mit Fernwärme nachgeheizt (tiefe Temperaturen, wenig Sonne)

Die PV-Module versorgen das Kulturzentrum mit Strom.
Der erzeugte Strom wird, wenn möglich direkt mit Hilfe eines Wechselrichters in das Verbrauchsnetz eingespeist.
Der im Überschuss produzierte Strom wird in Batterien gespeichert (Tagesspeicher).
Sie decken den 2-fachen Tagesbedarf.
Der hierüber hinaus erzeugte Strom wird durch Elektrolyse in H_2 und O_2 umgesetzt und bei Bedarf durch eine Brennstoffzelle zurück zu Strom gewandelt.

Sollte mehr Energie benötigt werden, so muss sie aus dem öffentl. Stromversorgungsnetz entnommen werden.
Für die Zukunft wäre es jedoch denkbar, H_2 in Gebieten zu gewinnen, die über eine höhere Sonneneinstrahlung verfügen als Mitteleuropa. So z.B. in Südeuropa, Nordafrika, dem Nahen Osten,... Der Transport kann mit Tankern und Pipelines erfolgen.

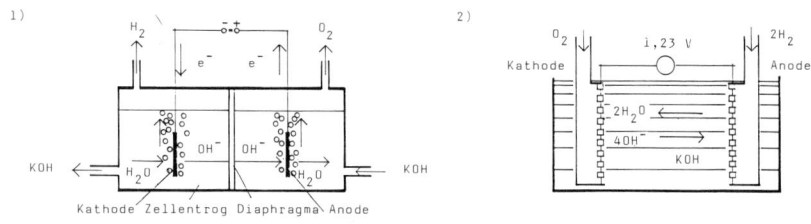

1) ELEKTROLYSEUR FUNKTIONSSCHEMA
Reaktion: Energie + $2H_2O \rightarrow 2H_2 + O_2$

2) BRENNSTOFFZELLE FUNKTIONSSCHEMA
Reaktion: $O_2 + 2H_2 \rightarrow 2H_2O$

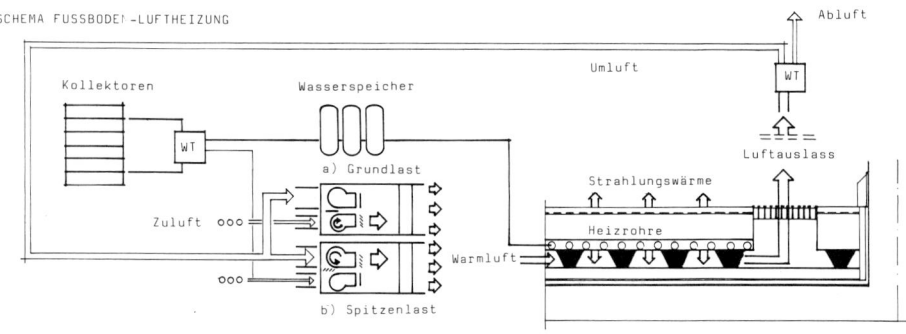

DIE KOMBINIERTE FUSSBODEN-LUFTHEIZUNG

Das vorliegende Raumprogramm (Kino, Café, Ausstellungsräume) legt nahe, den Wärme- und Lüftungsbedarf in einem System zu bewältigen.
Eine kombinierte F.L. Heizung nutzt die Vorteile einer reinen Luftheizung, sowie die einer reinen Fussbodenheizung.
Sie vermeidet jedoch deren Nachteile.
So sind niedrige Temperaturniveaus erforderlich, der Lüftungsbedarf lässt sich kontrollieren, die Wärme ist einfach rückzugewinnen, die Temperaturverteilung im Raum ist gleichmässig und es handelt sich um eine Strahlungsheizung.

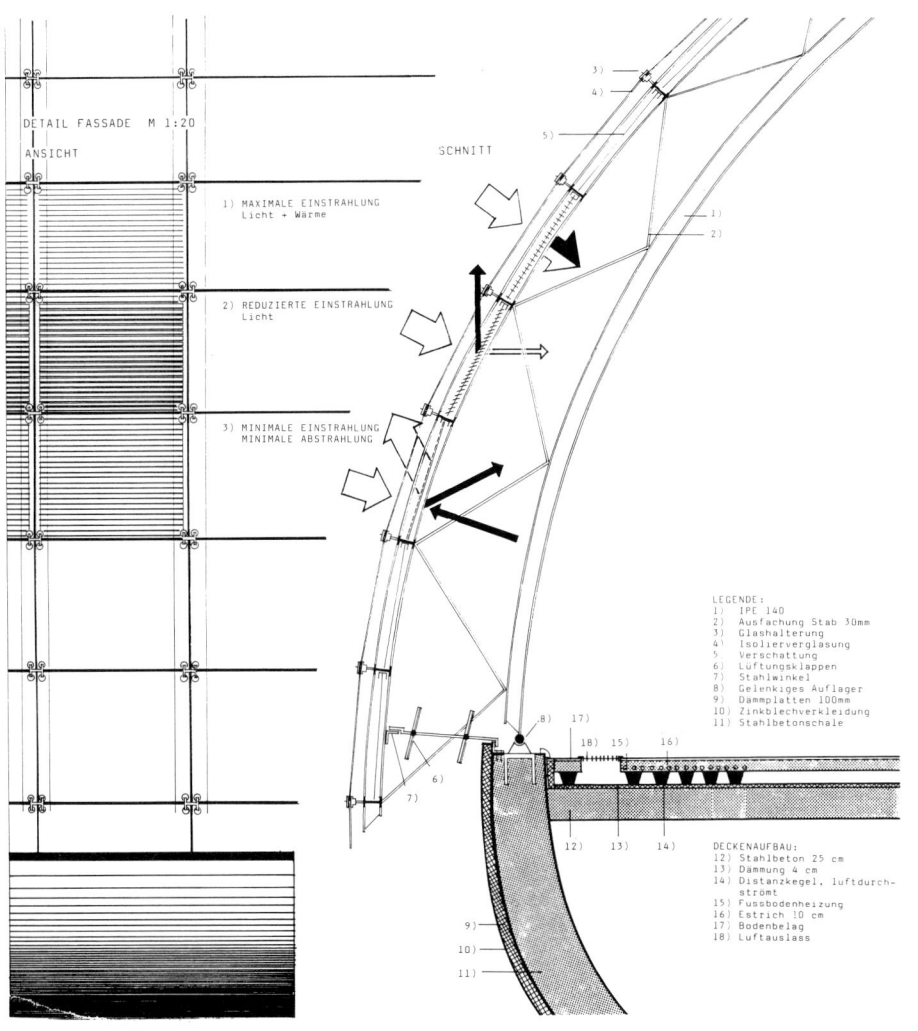

DETAIL FASSADE M 1:20
ANSICHT
SCHNITT

1) MAXIMALE EINSTRAHLUNG
   Licht + Wärme
2) REDUZIERTE EINSTRAHLUNG
   Licht
3) MINIMALE EINSTRAHLUNG
   MINIMALE ABSTRAHLUNG

LEGENDE:
1) IPE 140
2) Ausfachung Stab 30mm
3) Glashalterung
4) Isolierverglasung
5) Verschattung
6) Lüftungsklappen
7) Stahlwinkel
8) Gelenkiges Auflager
9) Dämmplatten 100mm
10) Zinkblechverkleidung
11) Stahlbetonschale

DECKENAUFBAU
12) Stahlbeton 25 cm
13) Dämmung 4 cm
14) Distanzkegel, luftdurch-strömt
15) Fussbodenheizung
16) Estrich 10 cm
17) Bodenbelag
18) Luftauslass

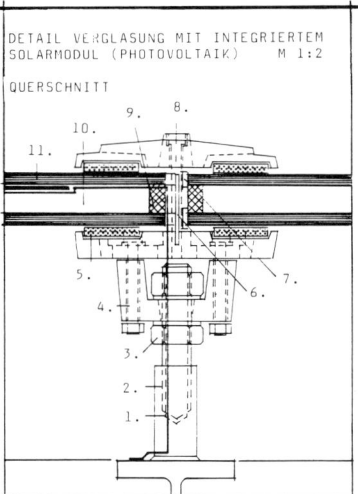

DETAIL VERGLASUNG MIT INTEGRIERTEM
SOLARMODUL (PHOTOVOLTAIK)   M 1:2
QUERSCHNITT

GRUNDRISS

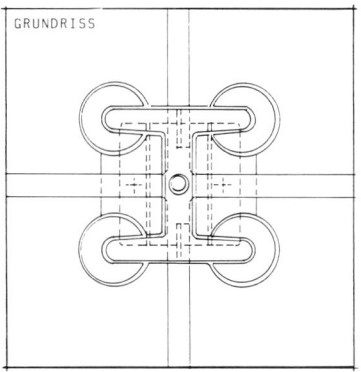

LÄNGSSCHNITT

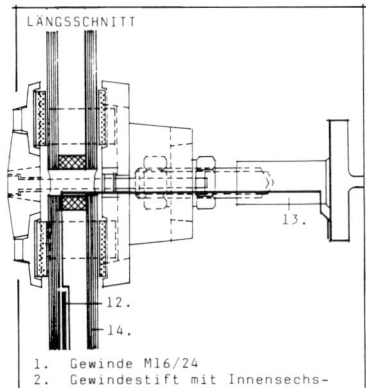

1. Gewinde M16/24
2. Gewindestift mit Innensechs-kant DIN 914 M16/80
3. Sägering M16
4. M6/50
5. Neoprene
6. Edelstahlkonsole
7. Neopreneklötze Härte 70-80 Auflagerbreite 30mm
8. M6/40 Schraube mit Innensechs-kant, mit Silikon abgedichtet und gesichert
9. Transparentes Band
10. Kunstharz, transparent
11. Optisol, Floatglas 5mm
12. Solarmodul monokristallin 2mm
13. Leitung
14. Optifloat, Floatglas 5mm

LÜFTUNG IM SOMMER:

1) Die aerodynamische Gebäudeform unterstützt die natürliche Durch-lüftung. Der Treppenturm wirkt als Schornstein.

Belüftungsöffnungen sind am unte-ren Rand der Glashülle vorgesehen. Entlüftungsöffnunge am Treppenturm.

2) Die Zuluft wird im Sommer auf natürliche Art und Weise über dem Wasser abgekühlt.

3) Die natürliche Lüftung wird durch Ventilatoren unterstützt. (bei erhöhtem Luftwechselbedarf, Inversionswetterlage,...)

LÜFTUNG IM WINTER:

4) Die Lüftung erfolgt mit Hilfe der kombinierten Fussbode-Luft-Heizung.
Die Luftschicht zwischen den Dis-tanzkegeln dient dabei als Wärme-tauscher. Das warme Wasser der Heiz-rohre erwärmt die Luft.
Die Wärme der Abluft wird zurückge-wonnen.

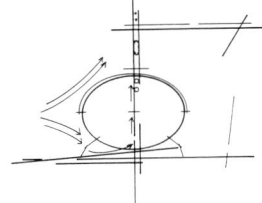 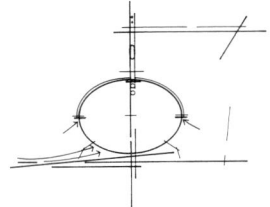 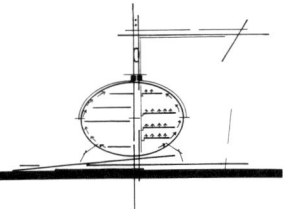

Birgit Schöpf

KINDERGARTEN FREISING

Zu wenig Kindergartenplätze – zunehmende Umweltzerstörung – Schlagworte unserer Zeit. Wie sonst könnte man derartige Probleme in den Griff bekommen, als das Übel direkt an der Wurzel, also bei den Kindern, anzugehen, gleichzeitig Kindergartenplätze zu schaffen und bereits bei Kleinkindern das Umweltbewußtsein zu bilden, sozusagen im Kleinen bei Kleinen anzufangen. Wo sonst könnte dies geschehen als auf einer Insel im Grünen, umflossen von Bächen, fern von der Straße – also in eben der Natur, die für diese Kinder erhalten werden soll. Der Kindergarten soll Anschauungsobjekt sein. Nach dem Schritt über den Steg, der ersten Begegnung mit dem Element Wasser, der Blick auf die Regenspeicher. Wasser auch zum Betreiben der Heizung. Im Garten das aktive Erleben des Wassers

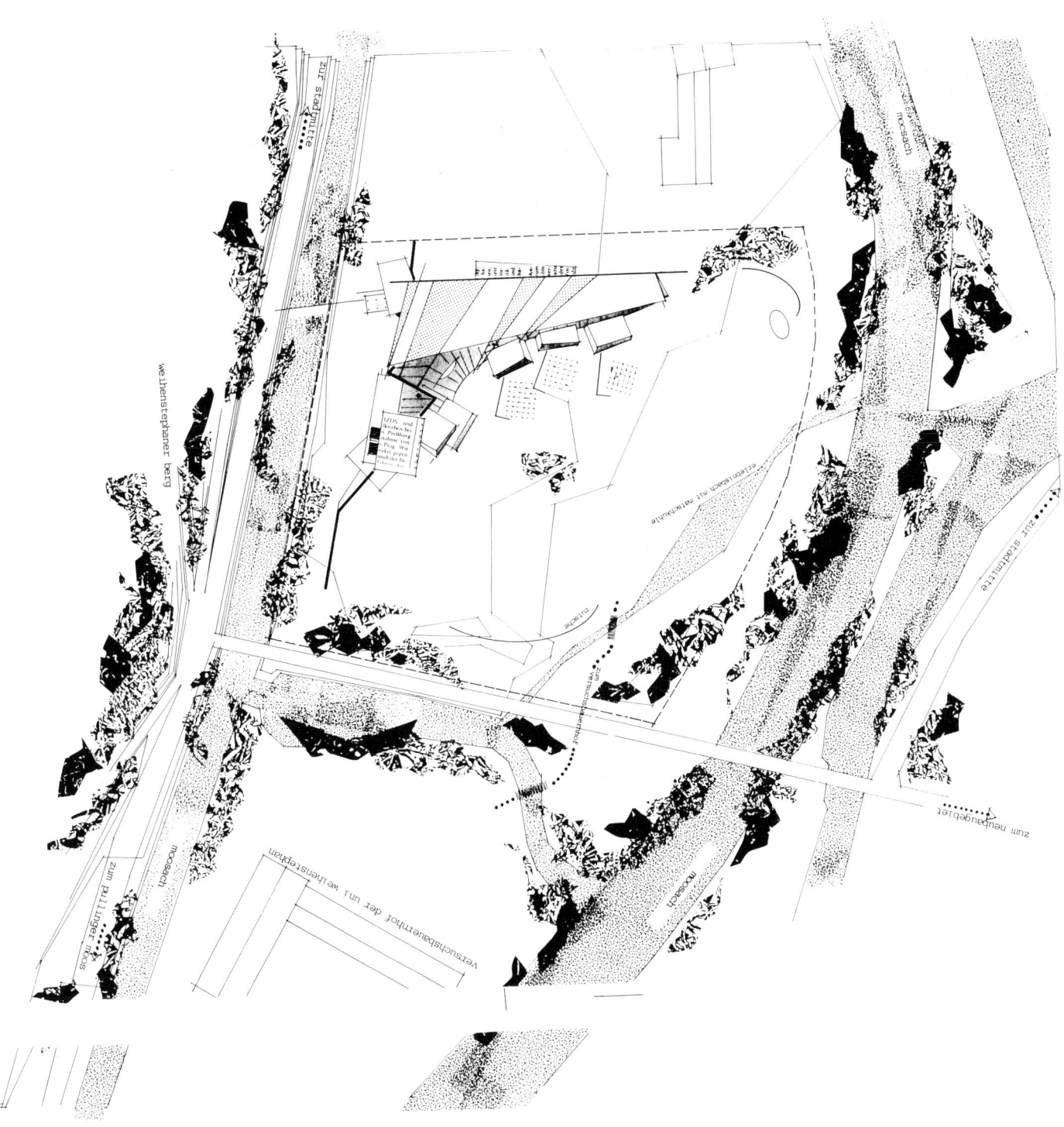

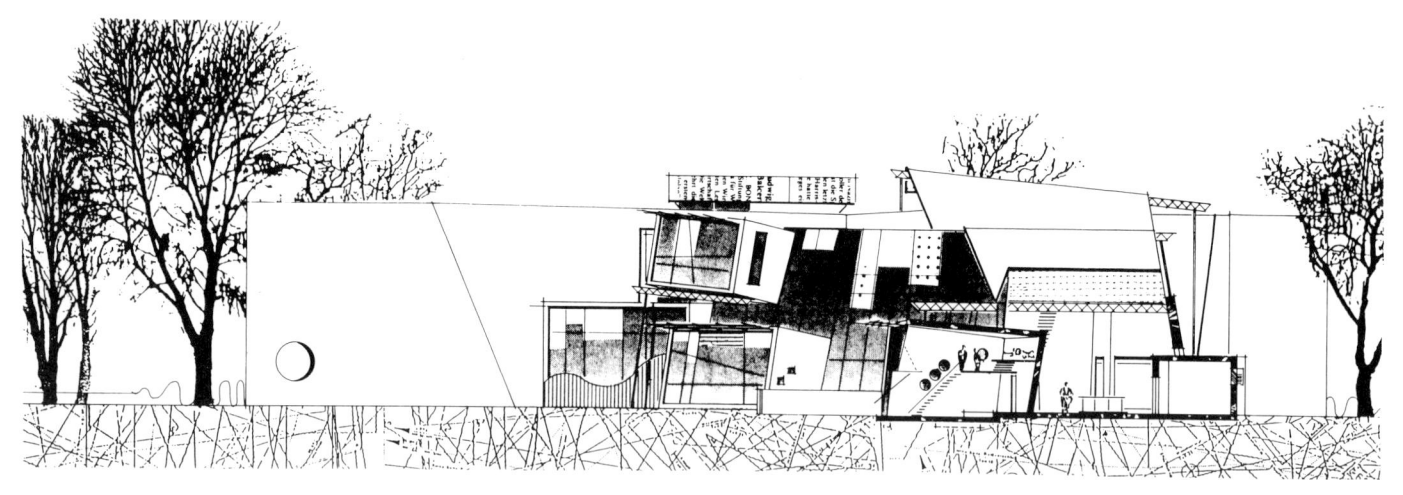

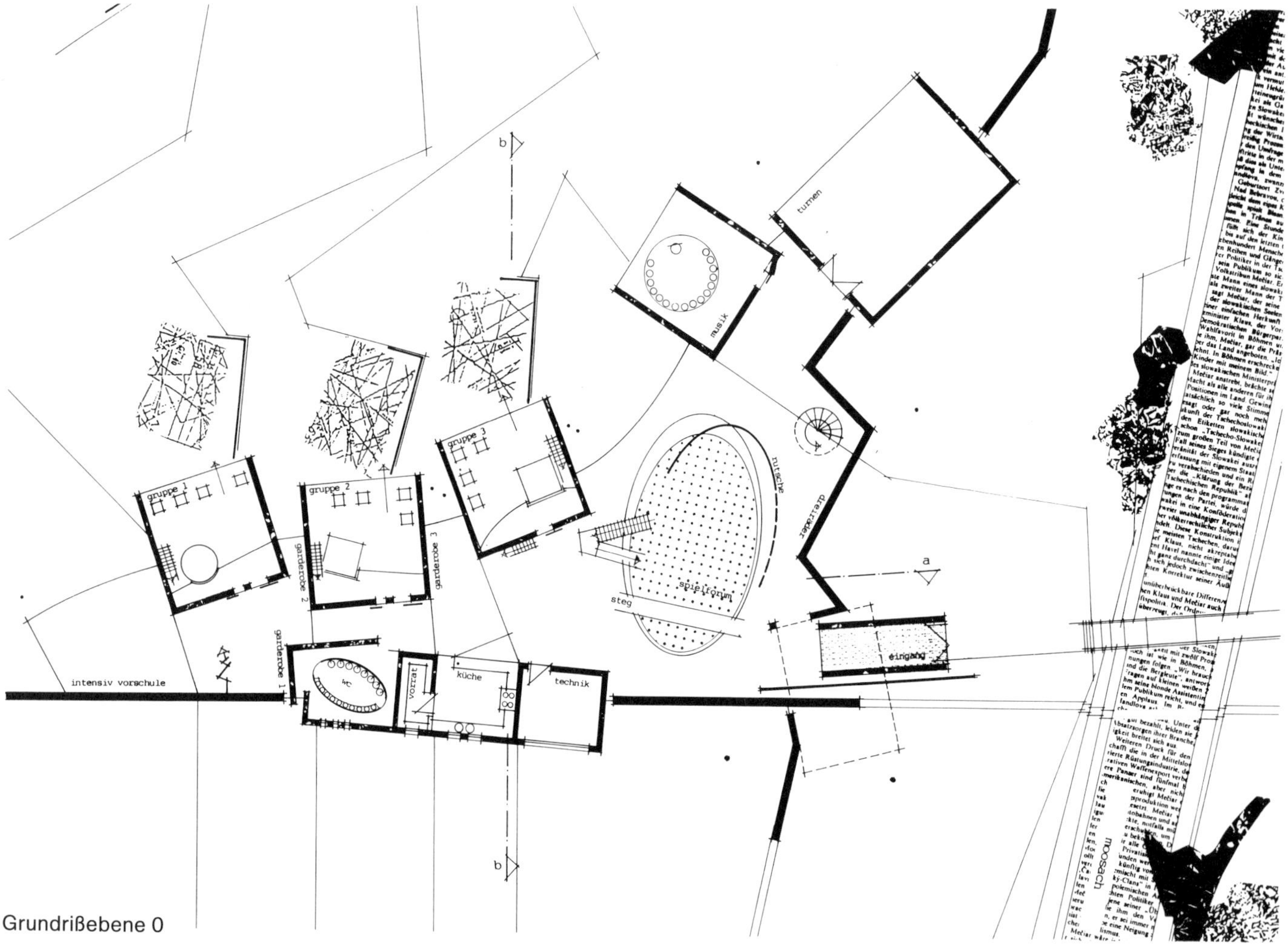

Grundrißebene 0

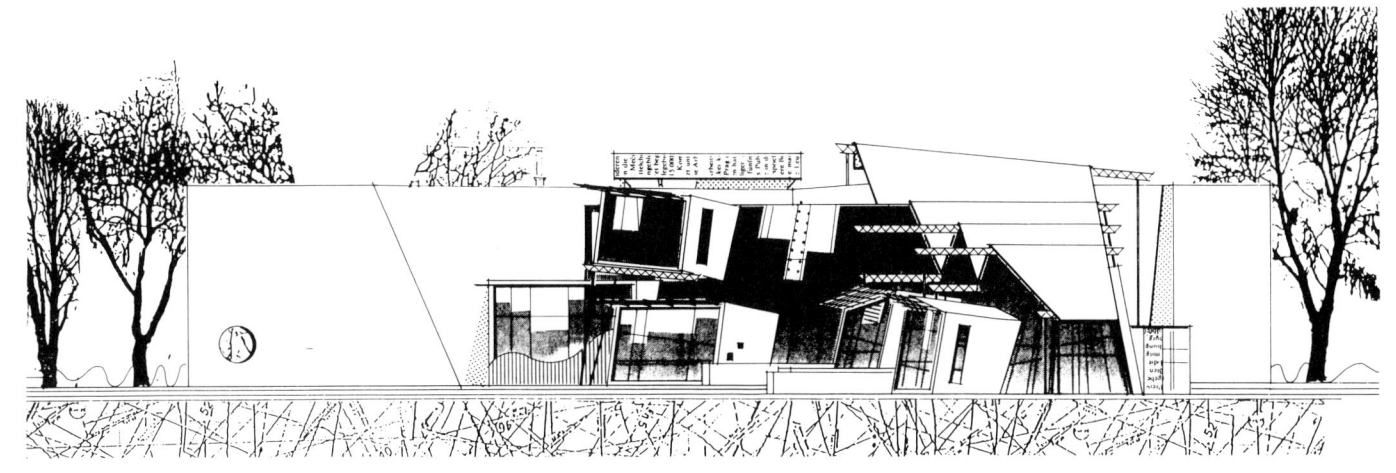

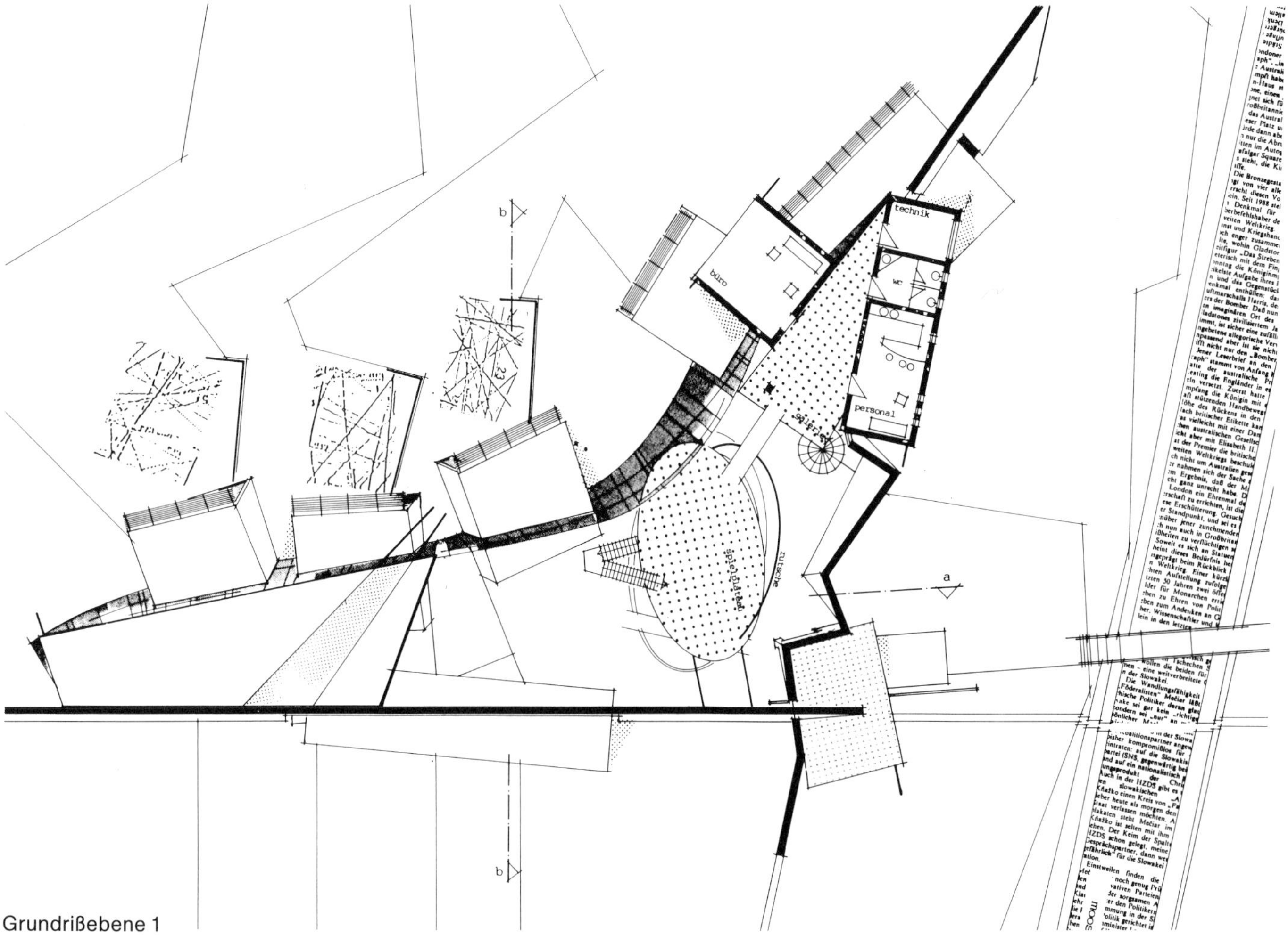

Grundrißebene 1

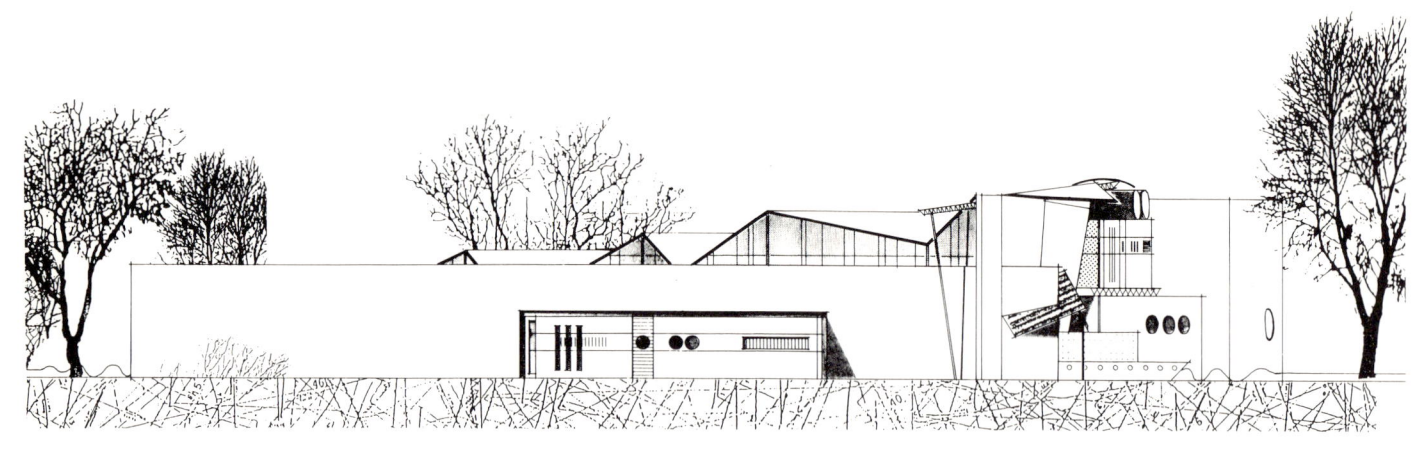
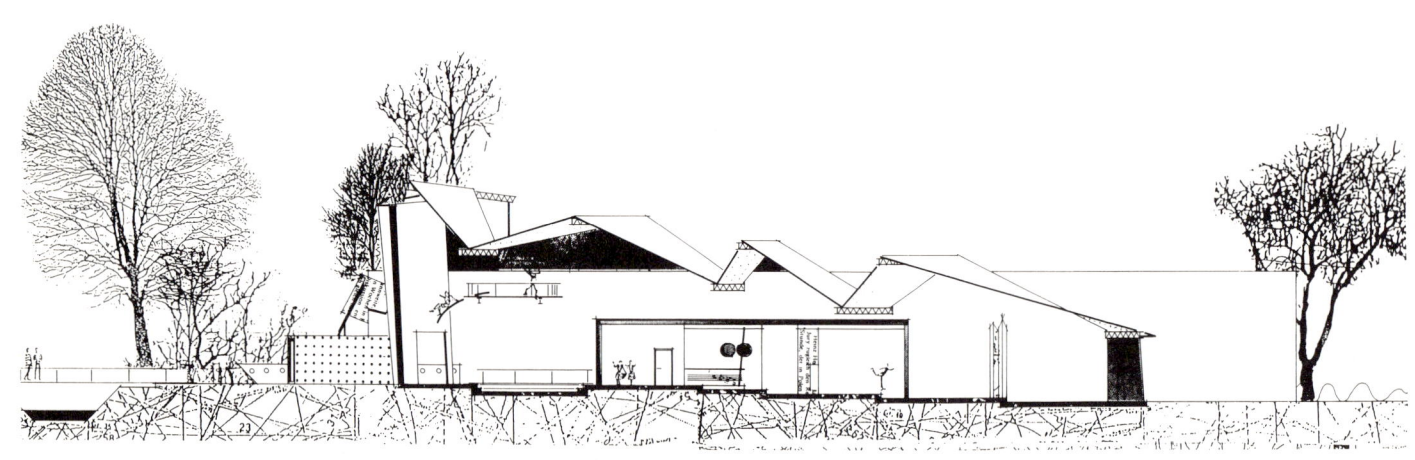

am Spielbach mit Schleusen, der in eine Matschkuhle mündet. Lernen auch durch direktes Nachvollziehen der Kreisläufe: das Photovoltaikelement über den Regenspeichern betreibt die Pumpe hierfür, offene Installationen verdeutlichen den Kreislauf vom Regentank zum WC und von den Sonnenkollektoren zum Wasserhahn. Direkte Assoziation: Wenn die Sonne scheint, wird das Wasser warm. Wasser zwar auch als Gefahr für Kinder, aber durch vorsichtiges Heranführen an diese Gefahr in Form von Treppen, Höhenunterschieden soll erlernt werden, damit umzugehen.

Kurz: ein Erlebniskindergarten, der so ausschaut, wie er heißt.

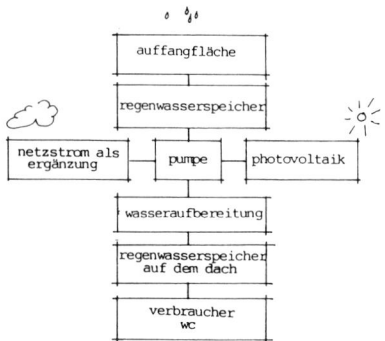

Regenwassersammlung

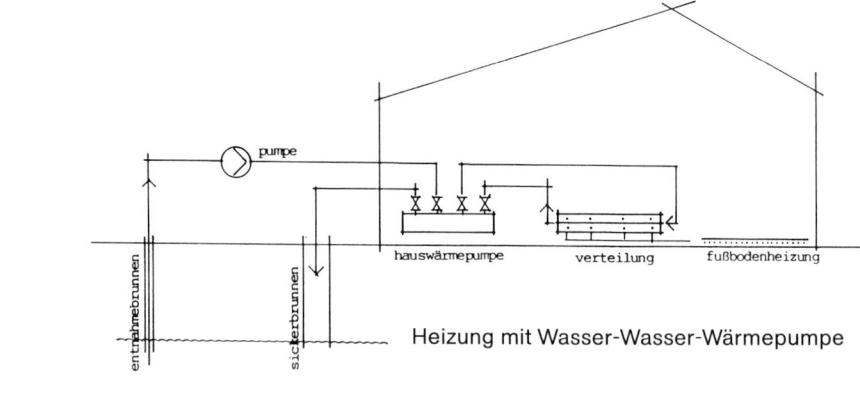

Heizung mit Wasser-Wasser-Wärmepumpe

Funktionsschema: Im Verdampfer verdampft mit niedrigem Siedepunkt ein Kältemittel bei niedriger Temperatur und geringem Druck durch Aufnahme der Wärmemenge q. Der Kompressor saugt den Kältemitteldampf an und verdichtet ihn unter Aufnahme mechanischer Arbeit, wobei dem Kreislauf die Wärmemenge 1 zugeführt wird. Unter hohem Druck und hoher Temperatur wird das Kältemittel im Kondensator durch Entzug der Wärmemenge q+1 (max. 60°C) verflüssigt und dann über das Drosselventil wieder in den Verdampfer geleitet. Mit der Antriebskraft des Verdichtens wird bis zu viermal mehr Wärmeenergie gewonnen gegenüber einem mit gleicher Leistung betriebenen elektrischen Heizgerät. Wärmequelle: Grundwasser mit konstanter Temperatur von 8 bis 12°C, Flächenheizung.
Monovalent, das heißt: ohne Zusatzenergie. Günstiger Wirkungsgrad: 3.0–3.5 (Gas 0,8/Öl 0,75/Koks 0,7).

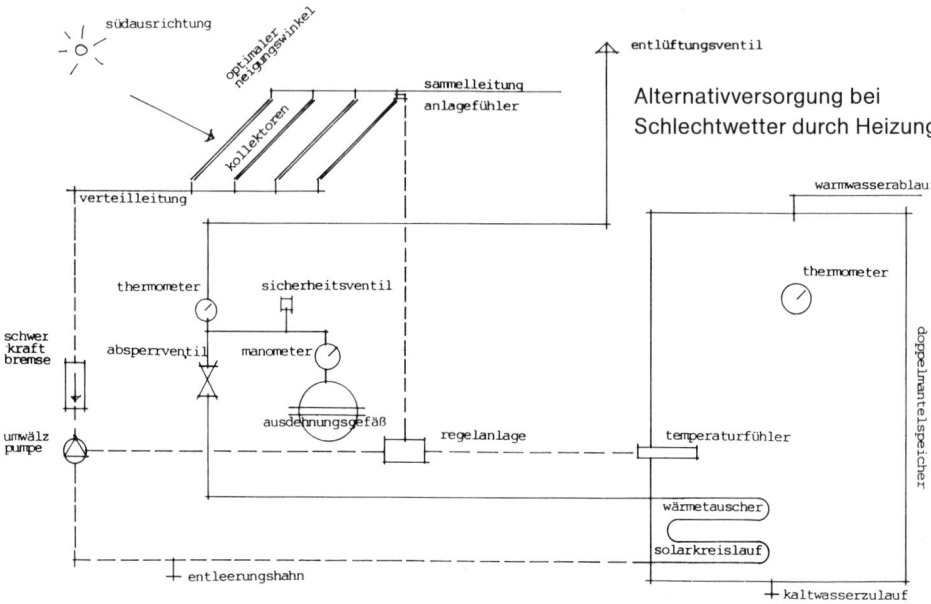

Alternativversorgung bei Schlechtwetter durch Heizung

Warmwasserbereitung durch Sonnenkollektoren. Das im Kollektor erwärmte Wasser wird durch eine Umwälzpumpe einem Doppelmantelspeicher zugeführt, wo es seine Wärme an das Brauchwasser abgibt.

Konstruktion Sonnenkollektor

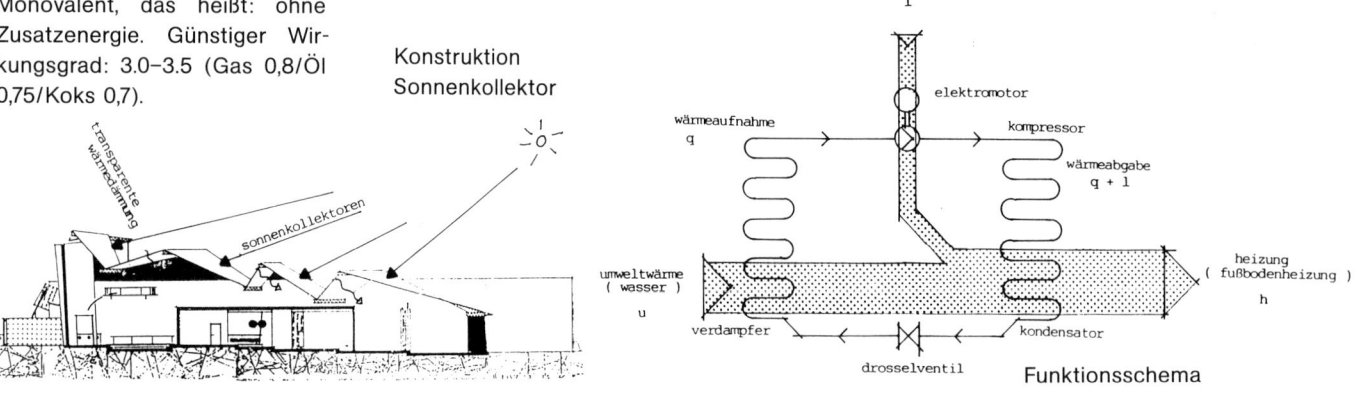

Funktionsschema

Entwurfsidee:

Aufbauen … einstürzen … aufbauen … der Beginn einer Architektenkarriere im Turmbau mit Bauklötzen, ein Spielzeug aller Kinder von gestern bis morgen, der ehemalige Bauklotzturm.

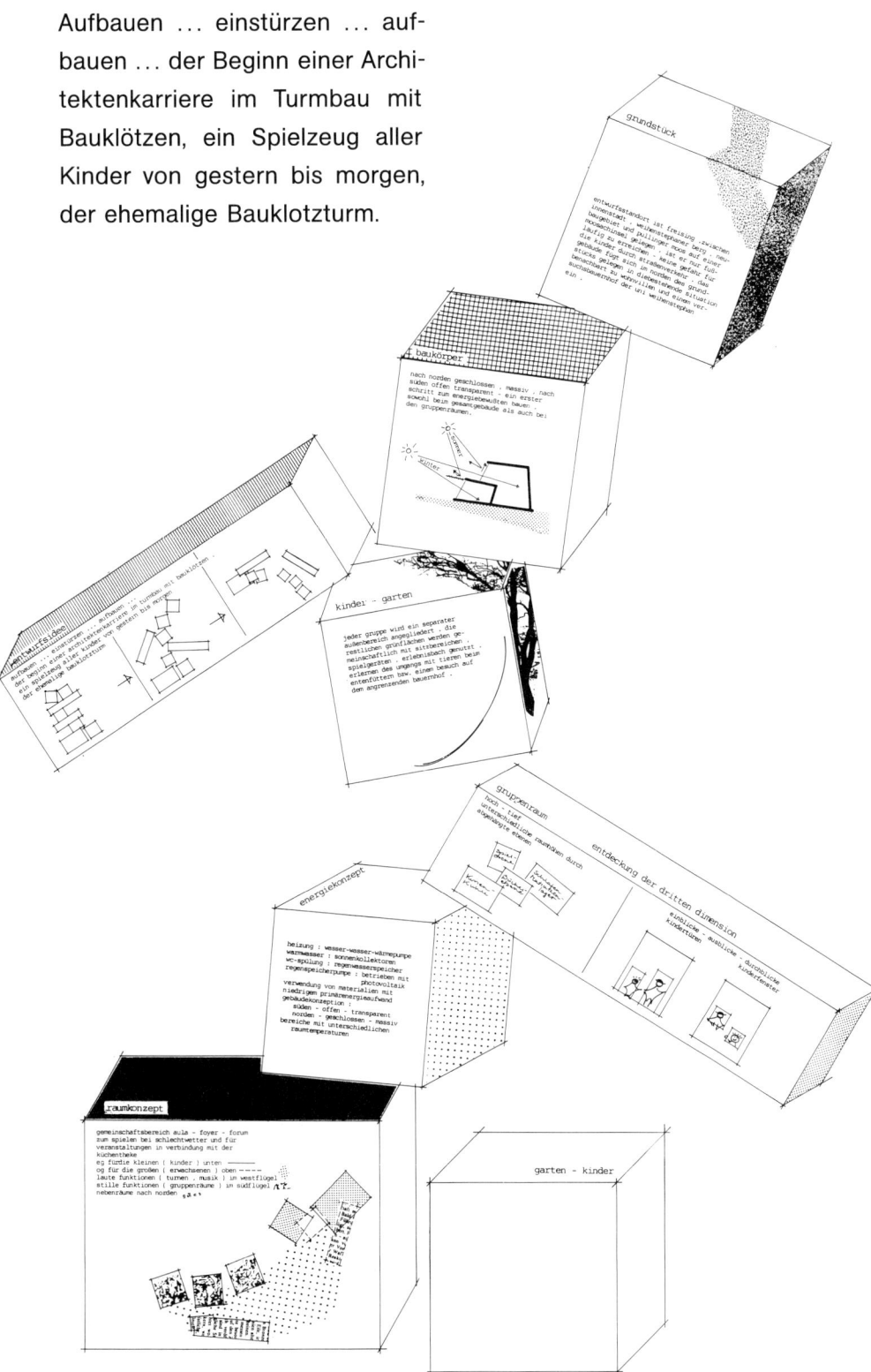

Grundstück:

Entwurfsstandort ist Freising. Zwischen Innenstadt, Weihenstephaner Berg, Neubaugebiet und Pullinger Moos auf einer Moosachinsel gelegen, ist er nur fußläufig zu erreichen – keine Gefahr für die Kinder durch den Straßenverkehr. Das Gebäude fügt sich im Norden des Grundstücks gelegen in die bestehende Situation ein, benachbart zu Wohnvillen und einem Versuchsbauernhof der Uni Weihenstephan.

Baukörper:

Nach Norden geschlossen, massiv, nach Süden offen und transparent – ein erster Schritt zum energiebewußten Bauen, sowohl beim Gesamtgebäude als auch bei den Gruppenräumen.

Kinder-Garten:

Jeder Gruppe wird ein separater Außenbereich angegliedert. Die restlichen Grünflächen werden gemeinschaftlich mit Sitzbereichen, Spielgeräten und Erlebnisbach genutzt. Erlernen des Umgangs mit Tieren beim Entenfüttern oder einem Besuch auf dem angrenzenden Bauernhof.

Georg Pontius / Ingo Wiedenbrück

Nach dem Emissionskataster »Industrie« des Saarlandes (veröffentlicht 1991) wird die Luft in der Region Dillingen-Saarlouis am stärksten belastet. Während landesweit die Emissionen zum größten Teil zurückgehen, verschärft sich dort die Situation. Im Rahmen eines europäischen Projektes sollen die Belastungen von Boden, Luft und Wasser im Dreiländereck Deutschland, Frankreich und Luxemburg

AUTARKES MESS- UND INFORMATIONSZENTRUM

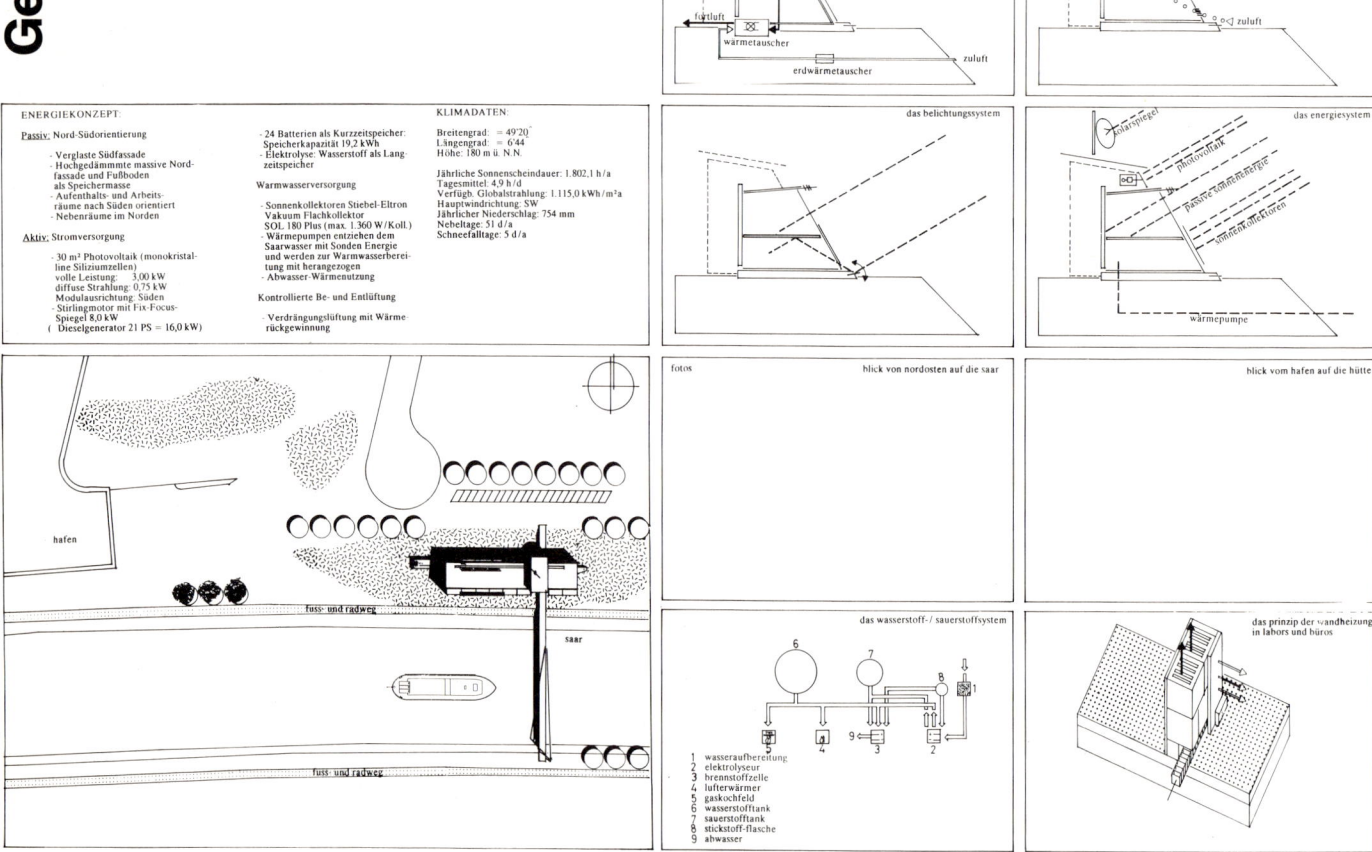

untersucht und die Verursacher lokalisiert werden. Ferner soll das Meß- und Informationsforum die Belastungen einer breiten Öffentlichkeit zuführen. Eine weitere Aufgabe des energieautarken Solargebäudes ist die Sensibilisierung der Bevölkerung und der Industrie für eine gesamtökologische Lebens- und Produktionsweise.

Durch aktive und passive Sonnenenergienutzung wird das Gebäude mit elektrischem Strom und Wärme versorgt. Die verwendeten Baumaterialien werden nach ökologischen Gesichtspunkten ausgewählt. Für die Informationssuchenden, Wissenschaftler und Verwaltungsleute ist ein Restaurant- und Cafébetrieb vorgesehen.

Fahrradfahrer und andere kluge Köpfe, die von der anderen Saarseite kommen, werden über eine Fußgängerbrücke zum Gebäude geführt.

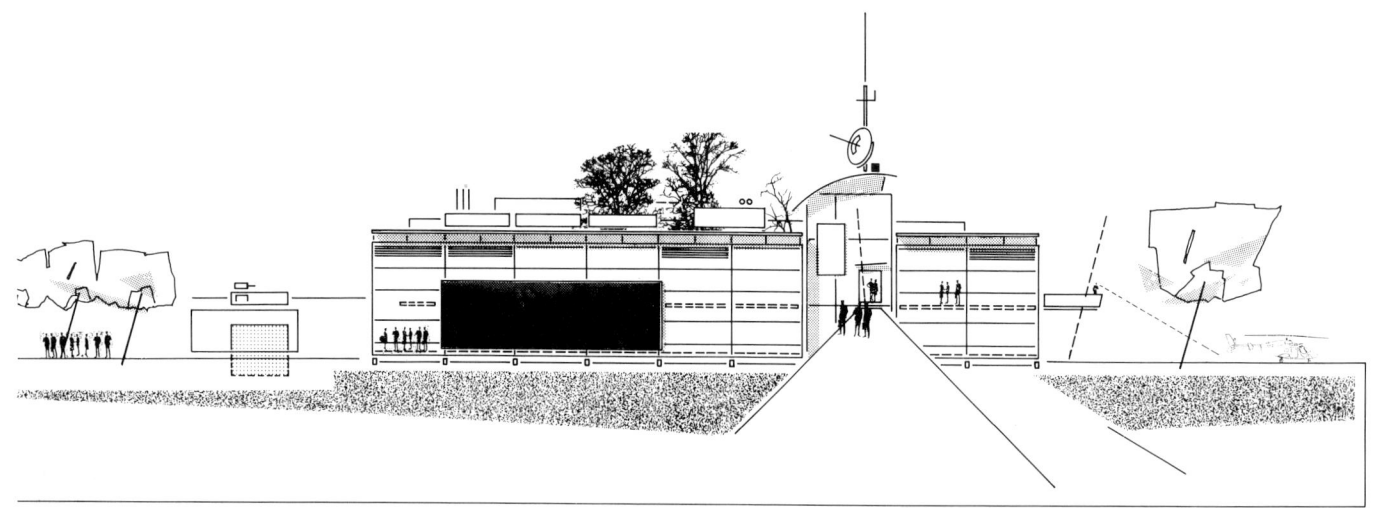

Ansicht Süd

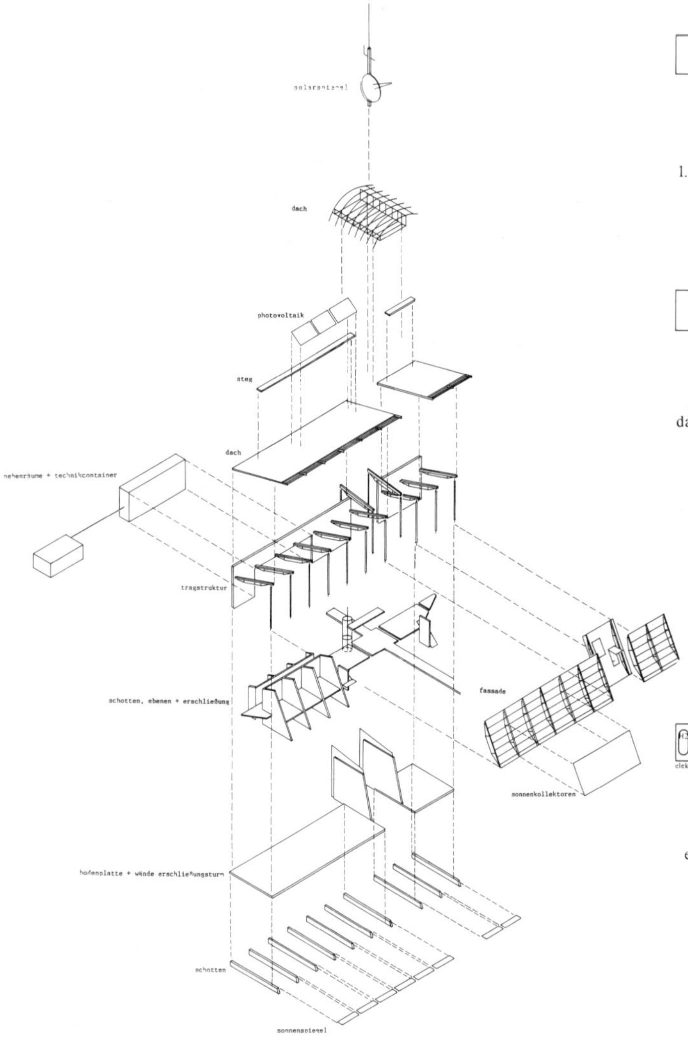

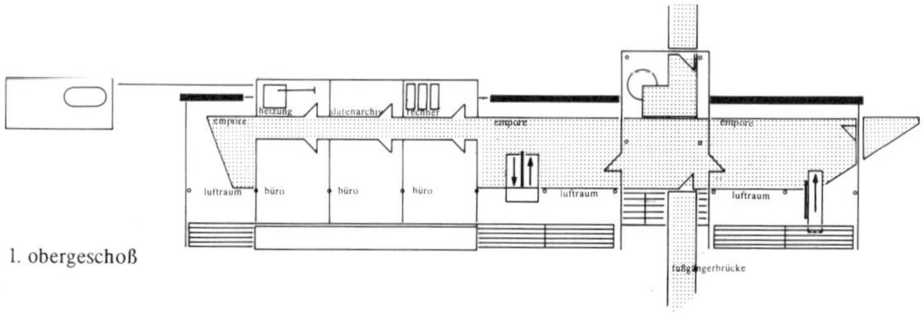

1. obergeschoß

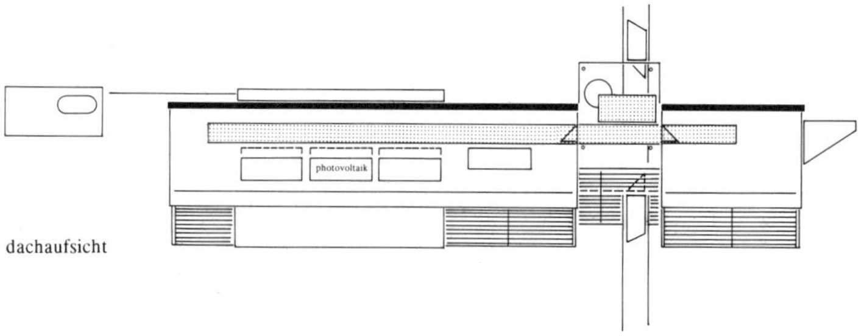

dachaufsicht

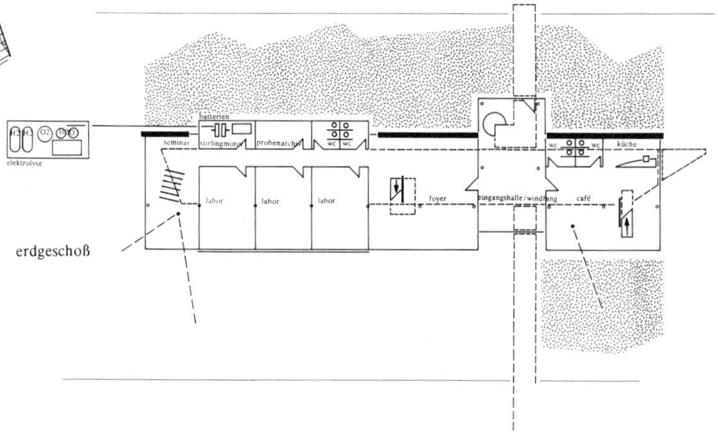

erdgeschoß

32

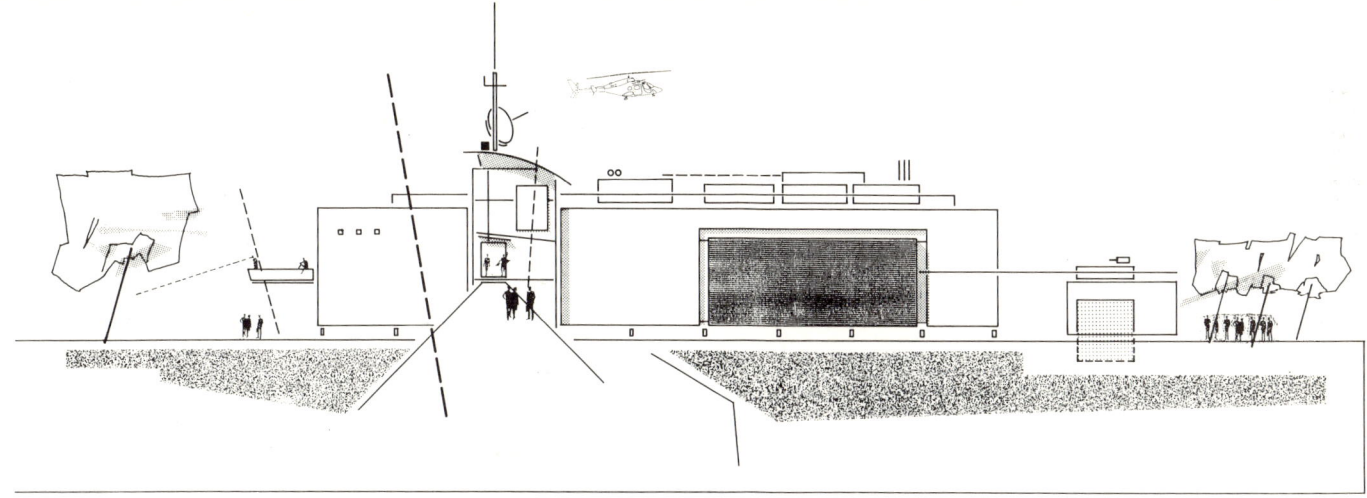

Ansicht Nord

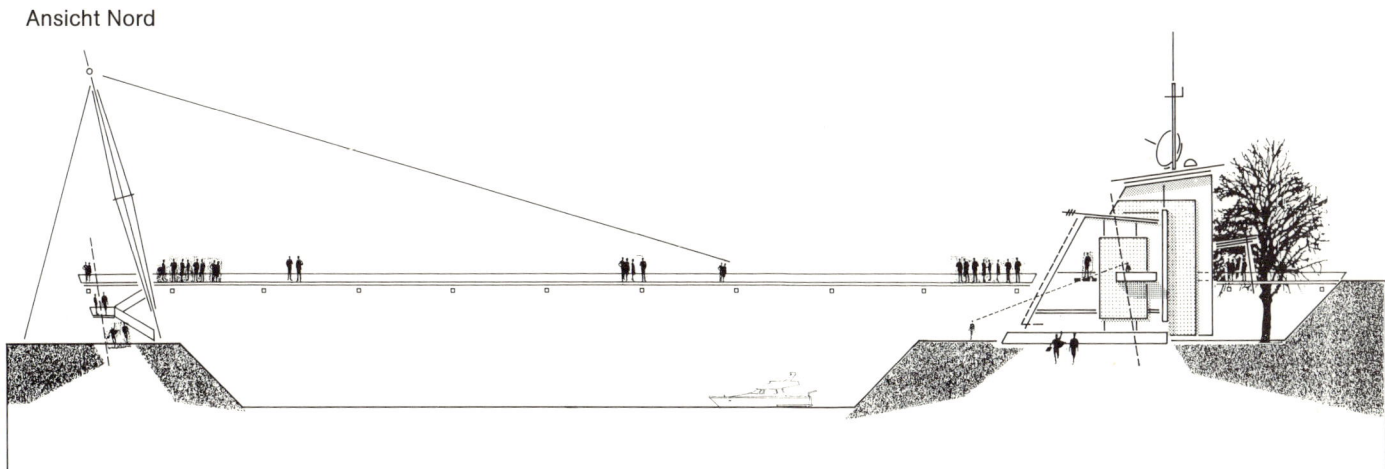

Ansicht Ost

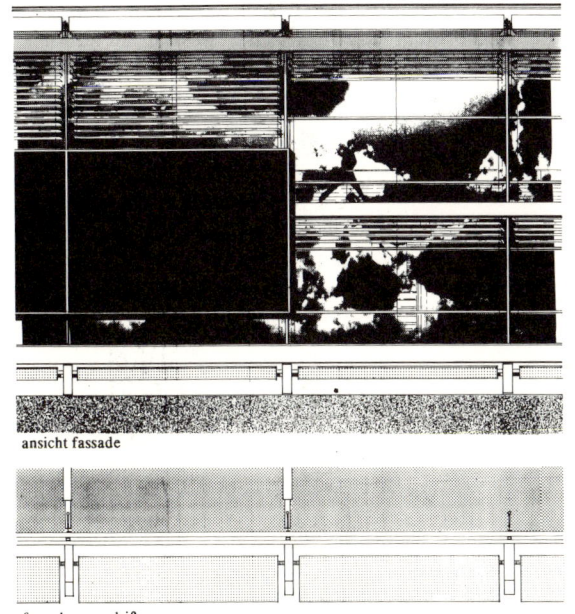

ansicht fassade

fassadengrundriß

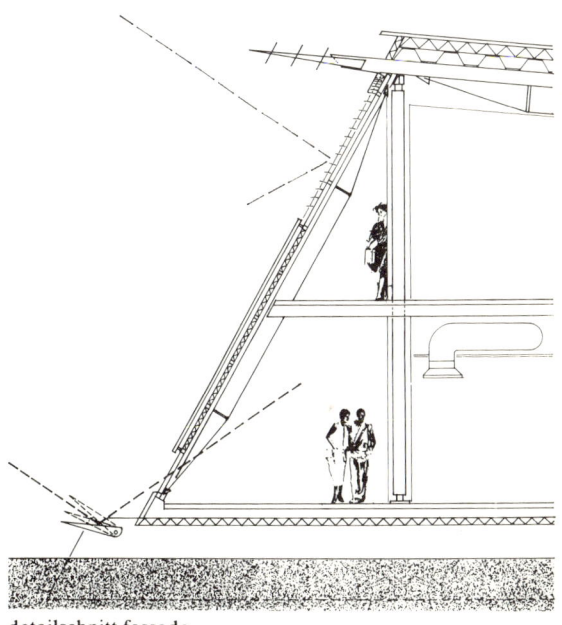

detailschnitt fassade

Jens Düser

FORSCHUNGSSTATION

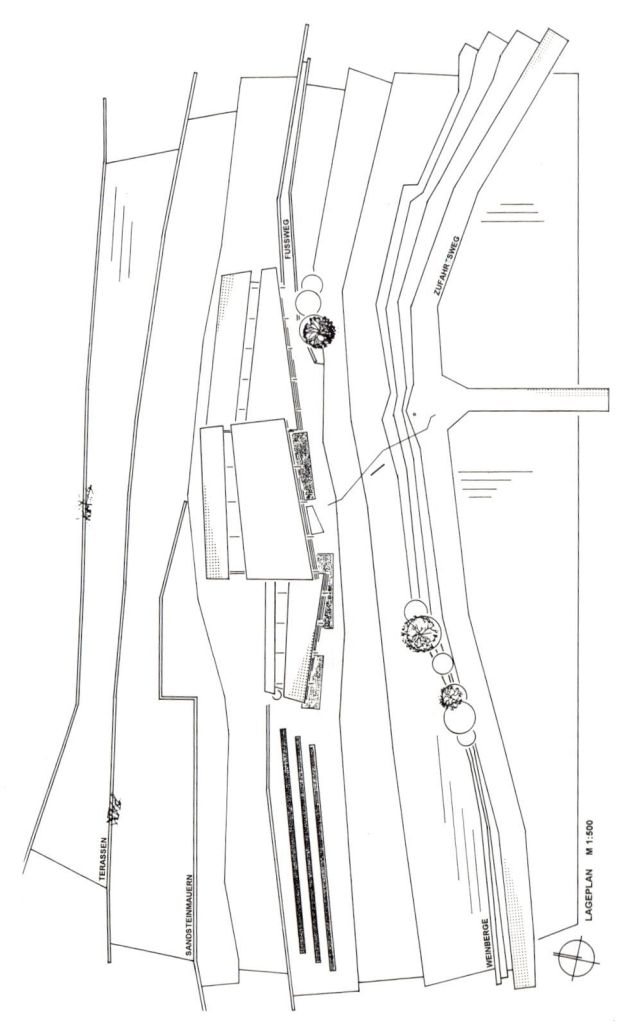

Situation:

Standort ist ein Gelände südlich von Bad Dürkheim, am Übergang der Rheinebene zum Haardtrand gelegen. Die Gegend ist geprägt durch den Weinanbau und den daraus resultierenden Geländestrukturen. Dies sind im Hangbereich Terrassierung und Sandsteinmauern. Vom Planungsgebiet geht der Blick weit in die Rheinebene hinaus. Der Teil des Geländes unterhalb der Forschungsstation soll als Versuchsareal genutzt werden.

Entwurfskonzept:

Vorhandener empfindlicher Naturraum wird in seinem Relief nicht angetastet, sondern genutzt für die Installation einer collagenartigen Struktur, die Raum- und Klimahülle sowie Träger der Solartechnik ist. Die Typologie des Geländes, bestehend aus Sandsteinmauern und Terrassen, wird für die Raumbildung mitverwendet. Die Eigenarten der Topographie sowie die ökologischen und technischen Aspekte der verwendeten Energien bestimmen den Entwurf in entscheidender Weise mit.

Aufgaben und Anforderungen:

Forschen, Experimentieren, Auswerten. Veröffentlichung der Ergebnisse, Nutzbarmachung derselben für die Weinbauern und Winzer. Umsetzung der

Ergebnisse in neue Konzepte als Beitrag zur Qualitätssicherung des Weinbaues und damit zur Unterhaltssicherung der Winzer.
Folgende Maßnahmen ergeben sich daraus:
— Ausrichtung des Gebäudes nach Südosten und Verglasung dieser Seite
— Ebenen und Scheiben als Speichermassen für tagsüber eingestrahlte Wärme
— sommerlicher Wärmeschutz durch Verschattungselemente (Lamellen)
— Einteilung in Bereiche mit höheren und tieferen Temperaturen, also Klimahierarchie durch eingestellte Boxen und durch Verglasung
— abgeschlossene Bereiche beheizen durch Transmissionswärmeverluste Zonen mit niedrigeren Temperaturen
— Minimierung der Transmissionswärmeverluste des Gebäudes durch Ausnutzung des Geländereliefs
— gereihte Sonnenkollektoren – dem Sonnenstand nachführbar – zur Unterstützung der Heizungsanlage und Brauchwassererwärmung

FÜR WEINANBAU

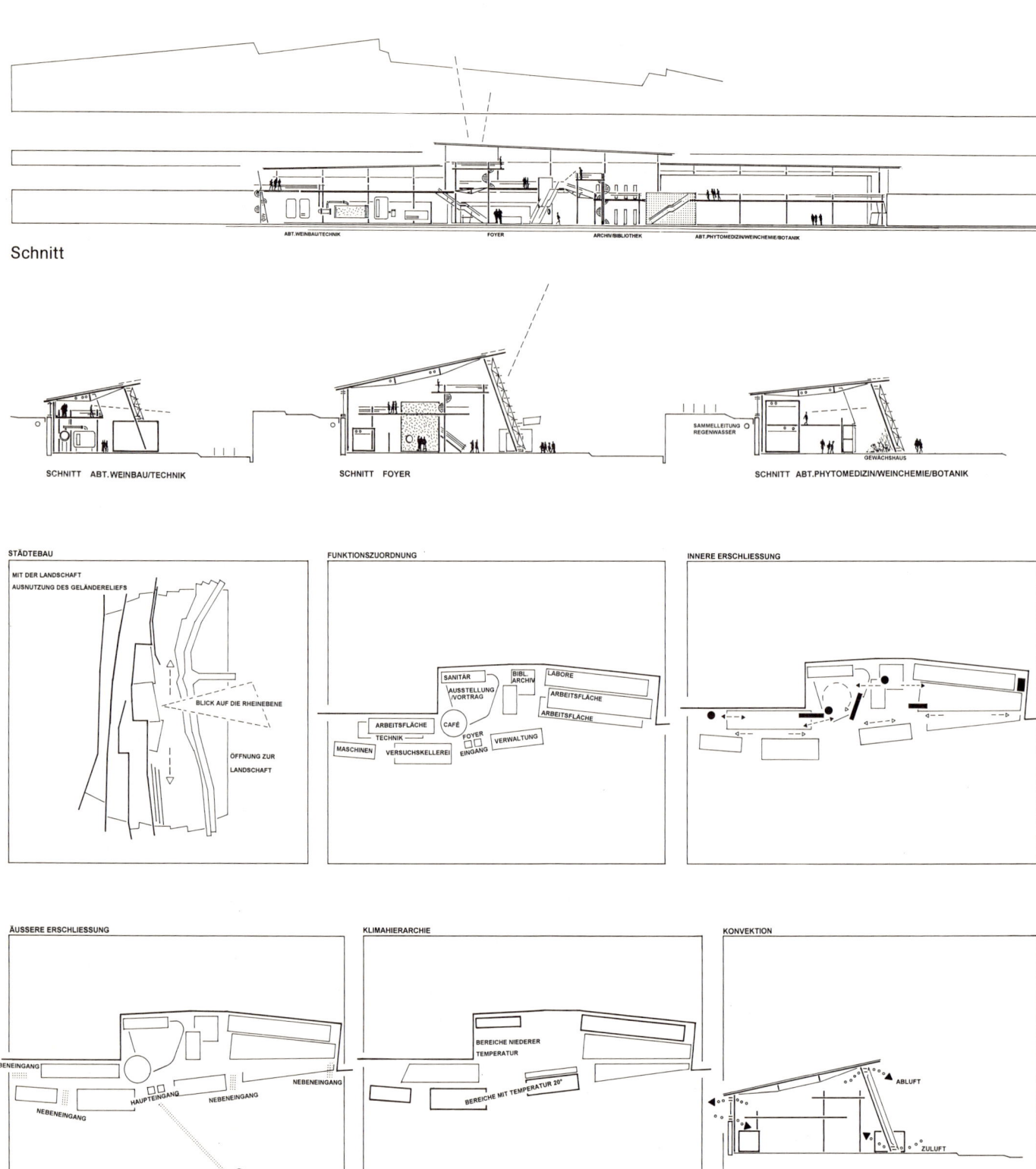

Ebene 1

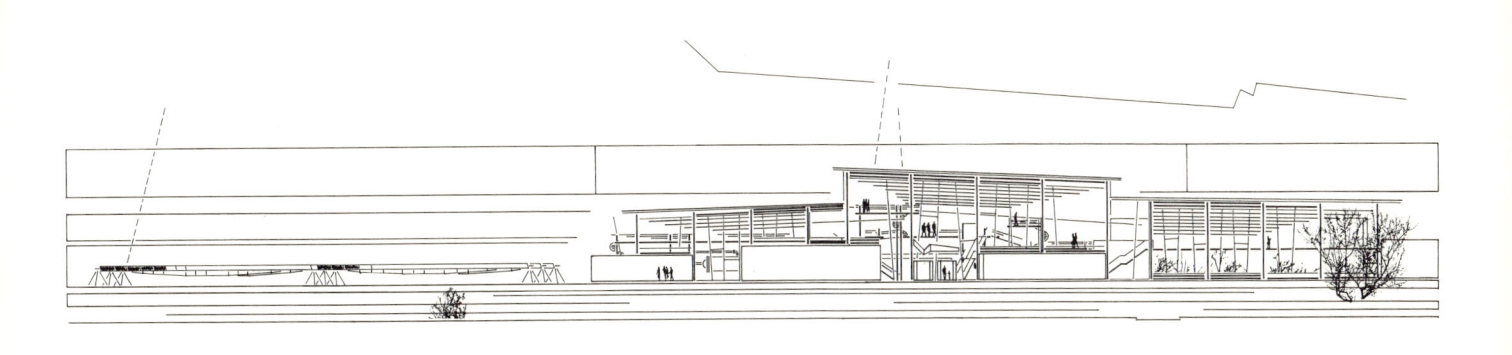

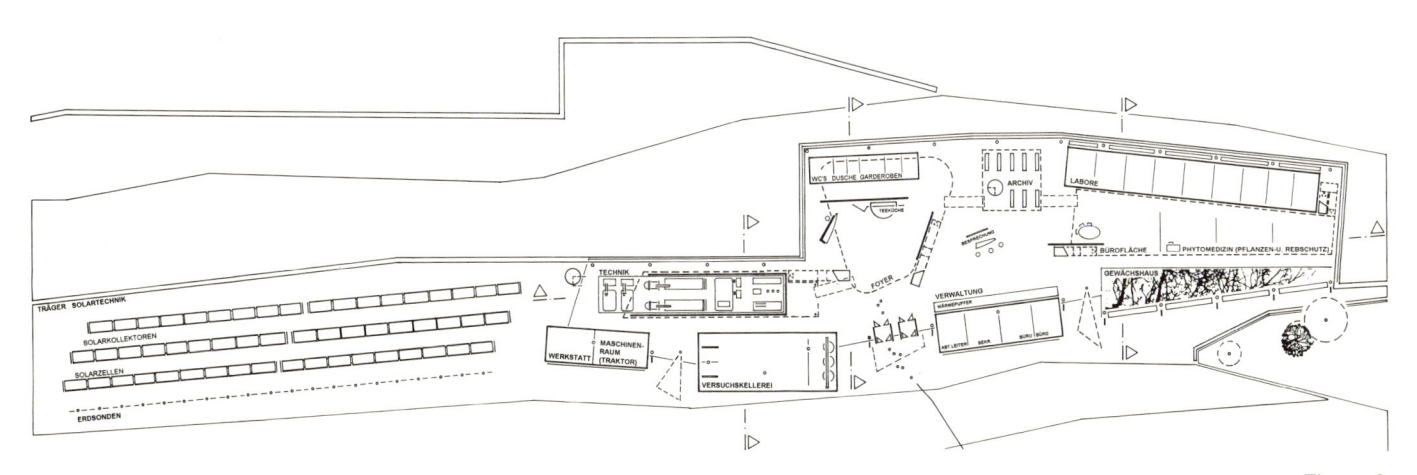

Ebene 0

37

	WÄRMEGEWINNUNG	LEISTUNGSAUFBEREITUNG	SPEICHERUNG	ANWENDUNG
SONNE	SOLARKOLLEKTOREN 200 m² EINACHSIG NACHGEFÜHRT	GASGETRIEBENE WÄRMEPUMPE	WASSERTANKS	HEIZUNG WARMWASSER
	STROMERZEUGUNG			
SONNE	PHOTOVOLTAIKZELLEN 100 m² EINACHSIG NACHGEFÜHRT	GLEICHSTROM WECHSELRICHTER WECHSELSTROM	BATTERIEN NETZKOPPLUNG	STROM
	WÄRMEGEWINNUNG			
ERDWÄRME	KOAXIALE ERDSONDEN 20 STÜCK	GASGETRIEBENE WÄRMEPUMPE	WASSERTANKS	HEIZUNG WARMWASSER
	WASSERGEWINNUNG			
REGENWASSER	SAMMELLEITUNG	WASSERAUFBEREITUNGS ANLAGE	WASSERTANKS	WC'S VERSUCHSKELLEREI GEWÄCHSHAUS
	WÄRMEGEWINNUNG			
ABWÄRME	ABWASSER RAUMLUFT HEIZKESSEL	WÄRMETAUSCHER		HEIZUNG WARMWASSER

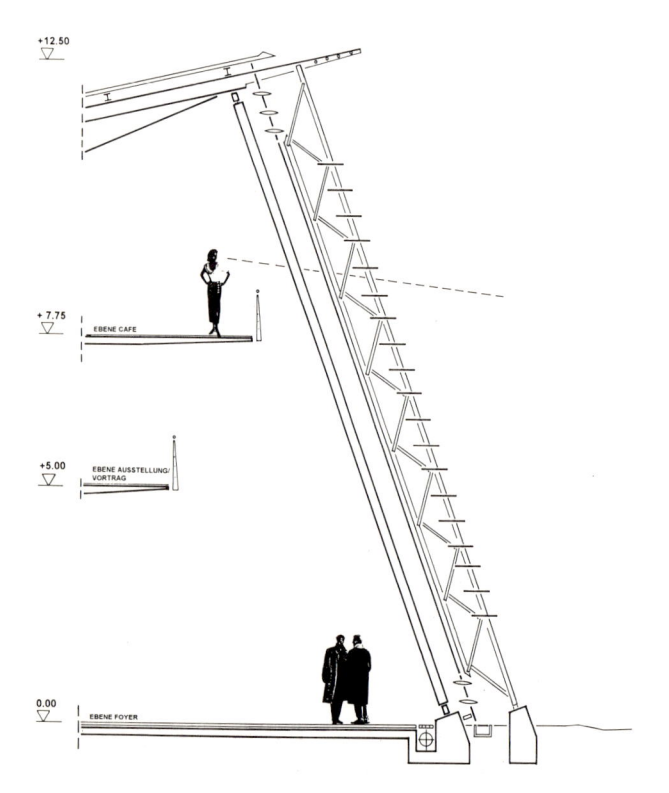

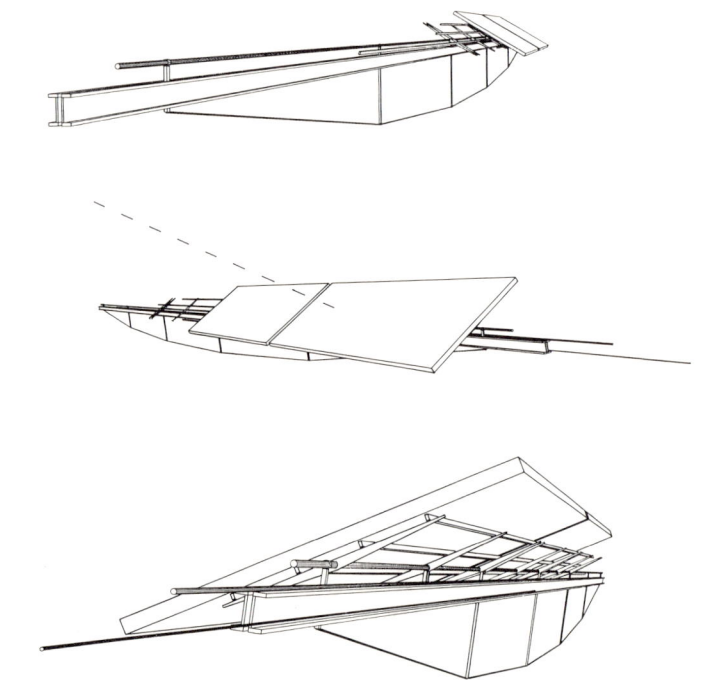

FASSADENSCHNITT

DETAILS/PERSPEKTIVEN TRÄGER SOLARTECHNIK (SOLARKOLLEKTOREN/SOLARZELLEN)

Entwurfsskizzen

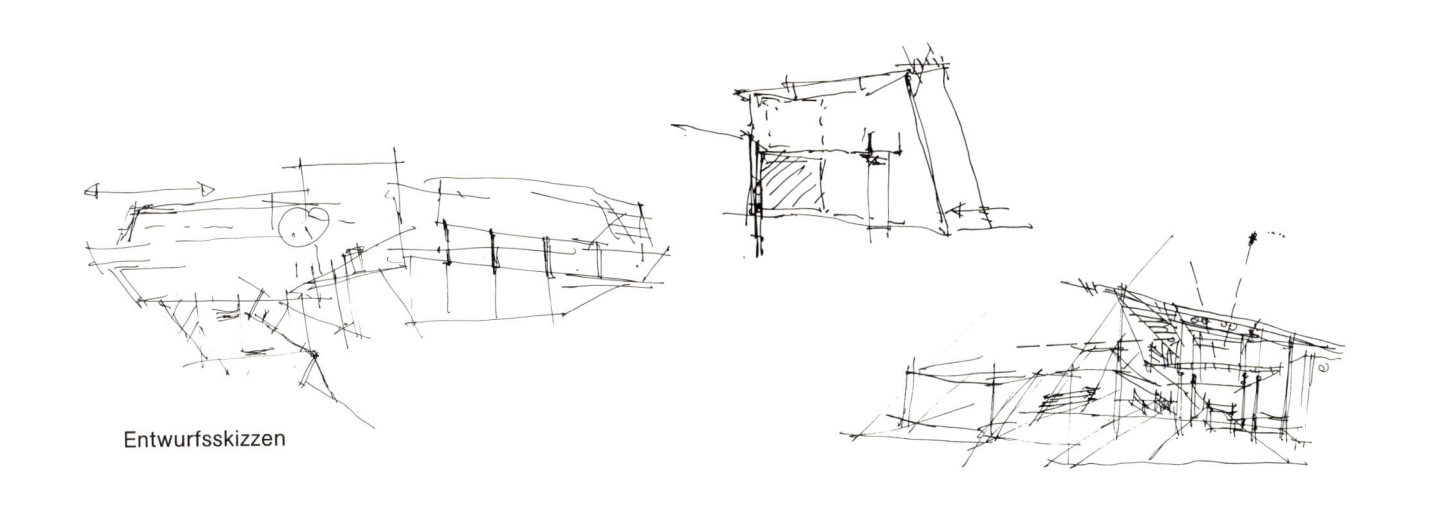

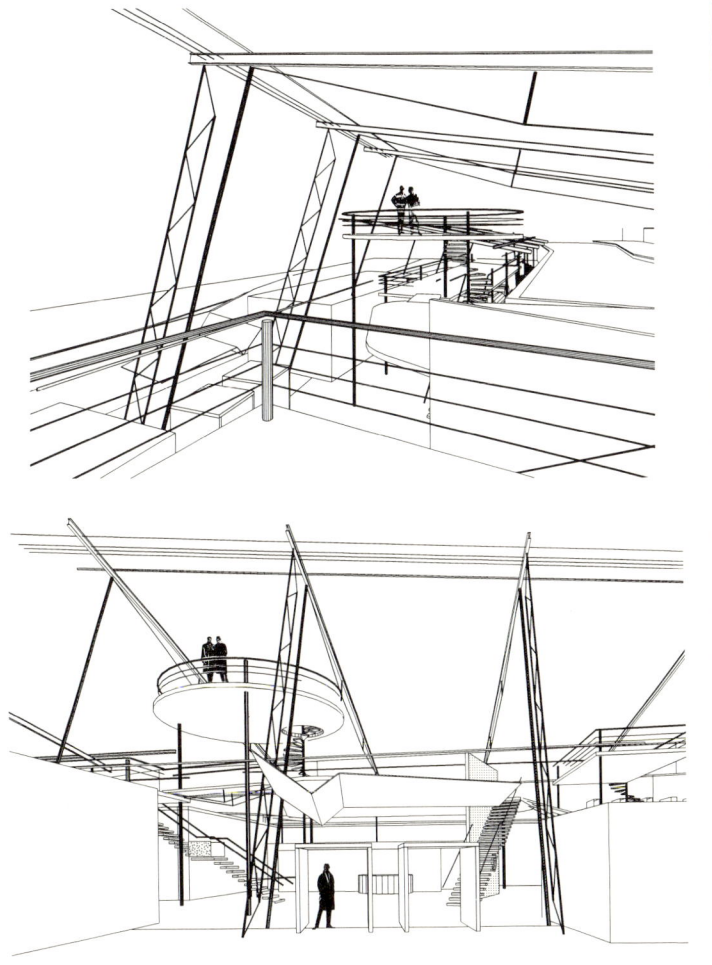

H. J. KAST

Potential der Sonnenenergie

In menschlichen Zeiträumen gemessen, ist die Energiestrahlung der Sonne unerschöpflich, und die Summe der Einstrahlung auf die Erde übertrifft unseren gesamten Energiebedarf um einige Dimensionen, jedoch ist die Energiedichte sehr klein. So stellt sich technisch das Problem, wie diese Energie eingefangen und konzentriert werden kann, um sie dann energiewirtschaftlich und nutzbringend zu verwenden. Die Energie, die am Rande der Erdatmosphäre auftritt, beträgt 1,4 kW/m^2 (Solarkonstante). Jahreszeitliche Schwankungen, verursacht durch unterschiedliche Sonnenentfernung, betragen ±3% und können für die thermische Solarenergienutzung zur Brauchwassererwärmung vernachlässigt werden. Auf ihrem Weg durch die Erdatmosphäre wird die Strahlung in den Luftmolekülen gestreut, von den Luftpartikeln gestreut sowie absorbiert und von den Molekülen der atmosphärischen Gase absorbiert. Durch die Streuung der Strahlen an den Aerosol- und Wasserdampfmolekülen wird die direkte Strahlung verringert: Es tritt eine diffuse, kurzweilige Strahlung auf, die weitgehend richtungsunabhängig und auch an beschatteten Flächen festzustellen ist. Sie kann Werte bis zu 400 W/m^2 erreichen. Der mittlere Tageshöchstwert liegt bei ca. 150 W/m^2. Die Summe der diffusen und direkten Strahlungen ergibt die sogenannte Globalstrahlung. Die Globalstrahlung liegt im Juni je nach Tageszeit zwischen 200 W"/m^2 und maximal 900 bis 1 000 W/m^2 beziehungsweise 10,7 kWh je Sonnentag.

Der Nutzung der Sonnenenergie wurde in den letzten Jahren und wird in der Zukunft ein erhebliches Interesse zugewandt. Hierbei kommt der Brauchwassererwärmung besondere Bedeutung zu, da hier wegen des günstigen jährlichen Lastverlaufes wesentliche Einsparungen an Primärenergie möglich sind.

Anhand des Verlaufes der Strahlungsintensität der Globalstrahlung über den Tag ist erkennbar, wie unterschiedlich das Strahlungsangebot schon an schönen Sonnentagen ist. Daneben treten leicht bewölkte, stark bewölkte und bedeckte Tage auf, die die Nutzungsmöglichkeit der Solarenergie beeinträchtigen. Vieljährige Statistiken geben für eine Vielzahl von Städten Aufschluß über die Anzahl der Sonnenscheinstunden während der einzelnen Monate zu jeder Tageszeit.

Sonnenkollektoren zur Brauchwassererwärmung (Flachkollektoren)

Der Flachkollektor (zum Beispiel Vakuum-Flachkollektor) wandelt die von der Sonne eingestrahlte Energie in Wärme um. Beim Auftreffen der kurzweiligen Strahlung auf den Kollektor (Absorber) wird diese Strahlung in langwellige Wärmestrahlung umgewandelt. Der Absorber wärmt sich auf und gibt die Wärme an seine Kühlflüssigkeit ab. Der Absorber strahlt aber auch Wärme nach außen ab, entweder direkt oder an das ihn schützende Glas. Ferner entsteht ein Wärmeverlust durch Konvektion.

Ein Kollektor ist um so besser, je weniger er nach außen abstrahlt oder Wärme ableitet. Dies ist am besten erreichbar durch tiefe Kollektortemperaturen, selektive Absorberbeschichtung sowie einen guten Wärmeübergang vom Absorber zum Medium. Der Wirkungsgrad eines Sonnenkollektors wird bei gegebener Einstrahlung in Abhängigkeit von der Temperaturdifferenz zwischen Kollektor und Außentemperatur bestimmt. Jeder Kollektortyp hat seinen Temperaturbereich und damit auch seinen entsprechenden Anwendungsbereich. Der Flachkollektor (unter Umständen Vakuum-Flachkollektor) ist der Kollektor, der den Bedürfnissen zur Brauchwassererwärmung bei geringem Aufwand am ehesten entspricht.

Der Flachkollektor hat den großen Vorteil, daß er in die Dachfläche integriert werden kann, ohne die Ästhetik des Hauses und der Umwelt in größerem Umfang zu beeinträchtigen. Nachteilig ist, daß der Flachkollektor – aufgrund seiner starren (unbeweglichen) Montage – nur zu einem bestimmten Zeitpunkt seinen optimalen Arbeitspunkt erreicht. Bei schrägem Strahlungseinfall auf die Kollektoroberfläche wird erheblich weniger Energie gewonnen.

Aufgrund der Tatsache, daß sich durch die jahreszeitlich unterschiedlichen Sonnenhöhen (Einstrahlungswinkel der Sonne auf den Kollektor) Einflüsse auf die gewinnbare Solarenergie ergeben, ist die richtige Neigung des Sonnenkollektors von entscheidender Bedeutung. Um für Brauchwassererwärmung durch Sonnenkollektoren optimale Bedingungen zu schaffen, sollte die Kollektorneigung so gewählt werden, daß ein Maximum an Solarenergiegewinn während der kalten Jahreszeit möglich ist.

Dies bedeutet, daß der Neigungswinkel der Sonnenkollektoren dem flachen Einstrahlwinkel der Sonne während der kalten Jahreszeit angepaßt werden muß. Daraus ergibt sich ein Neigungswinkel der Kollektoren in unseren Breitengraden von ca. 55 bis 60 Grad. Durch diesen – dem niedrigen Sonnenstand angepaßten – Neigungswinkel der Kollektoren ergibt sich eine erhöhte Solarenergieausbeute während der Heizperiode.

Wärmespeicherung

Eine ganz erhebliche Komponente der Solaranlage ist der Wärmespeicher. Er entscheidet mit über die Wirtschaftlichkeit der Anlage. Die Überlegungen zur Größe und Art des Speichers sind frühzeitig und sorgfältig anzustellen.

Der beste Sonnenkollektor kann nicht zur vollen Nutzung kommen, wenn in Größe und Leistungsfähigkeit nicht angepaßte Speicher- und Wärmeaustauscher für die Speicherung der übertragenen Sonnenenergie genutzt werden.

Der tägliche Wasserbedarf einer Person kann mit ca. 50 Litern bei einer maximalen Temperatur von 50 °C angenommen werden. Bei einer Wassererwärmung von 10 °C auf 50 °C wird somit pro Tag eine Energiemenge von ca. 2 330 WH/m^2 benötigt. Das mittlere Strahlungsangebot eines Durchschnittstages liegt im Dezember bei ca. 250 bis 300 WH/m^2 und steigt im Juli auf 2 800 bis 3 000 WH/m^2 (Voraussetzung: optimaler Neigungswinkel). Daraus folgt, daß überschlägig angenommen werden kann, daß während der Sommerzeit der Warmwasserbedarf einer Person über 1 m^2 Kollektorfläche gedeckt werden kann. Angesichts der Unstabilität des Wetters sollte jedoch die Speicheranlage mindestens auf zwei Tage (100 l/Person) ausgelegt werden. Dies bedingt eine Kollektorfläche von ca 2 m^2/Person, damit auch tatsächlich der Speicher geladen wird.

Das oben aufgeführte Zahlenbeispiel soll helfen, die überschlägige Ermittlung der benötigten Kollektorenoberfläche und des dazugehörigen Warmwasserspeichers zu ermitteln.

Die exakte Berechnung der Anlagenkomponenten erfolgt anhand der entsprechenden Herstellerberechnungsunterlagen.

**Claudia Forcht
Oliver Wollowski**

Das Plangebiet liegt in der Stadt Kaiserslautern unmittelbar neben dem Stadtpark. Der Stadtpark wird zu einem zusammenhängenden Grünzug ausgeweitet, der Umgebung und City verbindet. Geplant ist eine Verbindung von Wohngebäuden und Dienstleistungsunternehmen.

In Zusammenhang mit den Gebäuden steht ein größzügig bemessener Platz, der Raum für Freizeit und Grünanlagen bietet. Der Platz ist abgesenkt, wodurch eine optische und akustische Trennung vom Straßenverkehr bewirkt wird. Er beinhaltet den Saisonspeicher der Solaranlage und

SOLARARCHITEKTUR IN KAISERSLAUTERN

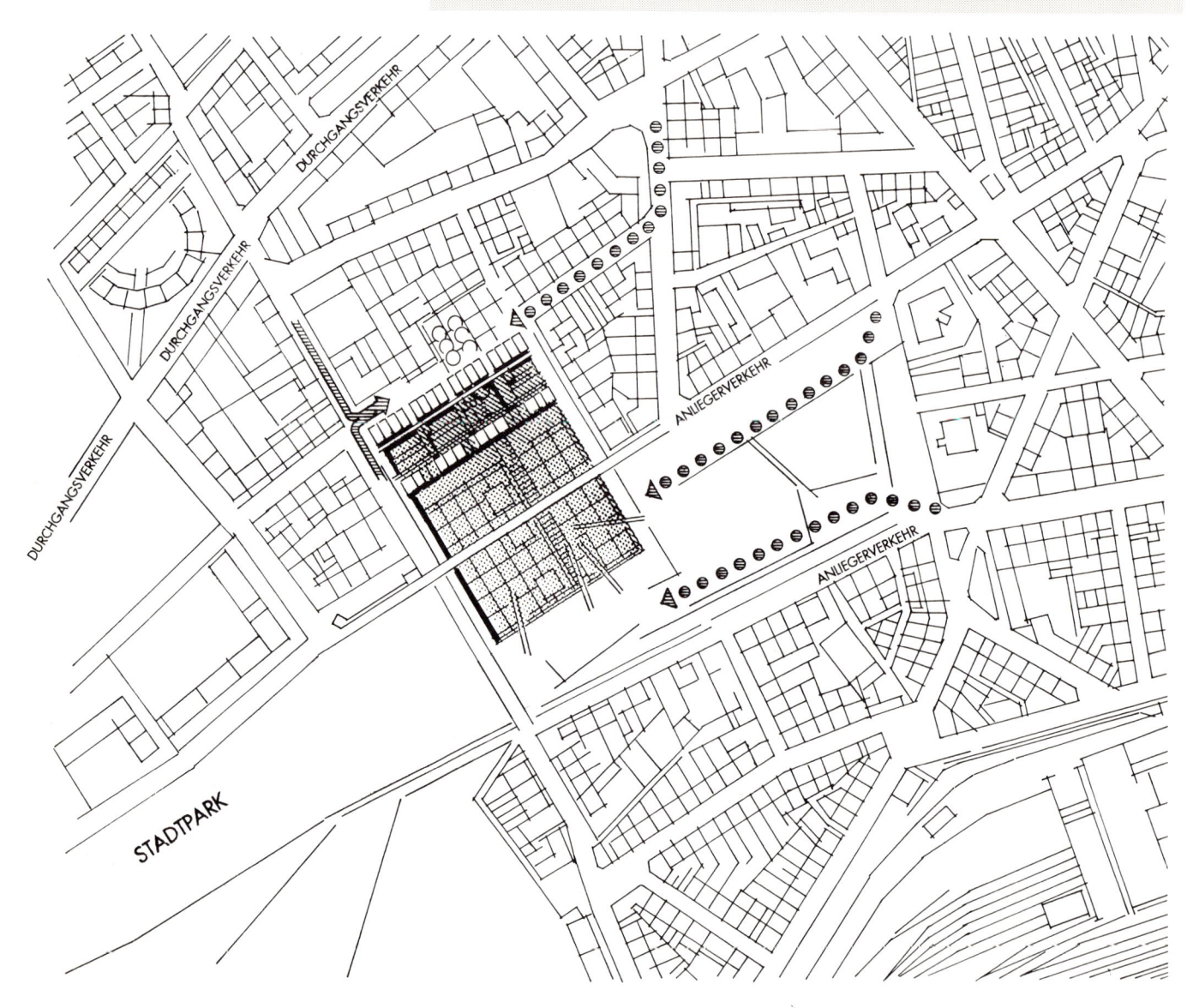

WOHNEN UND ARBEITEN AM STADTPARK

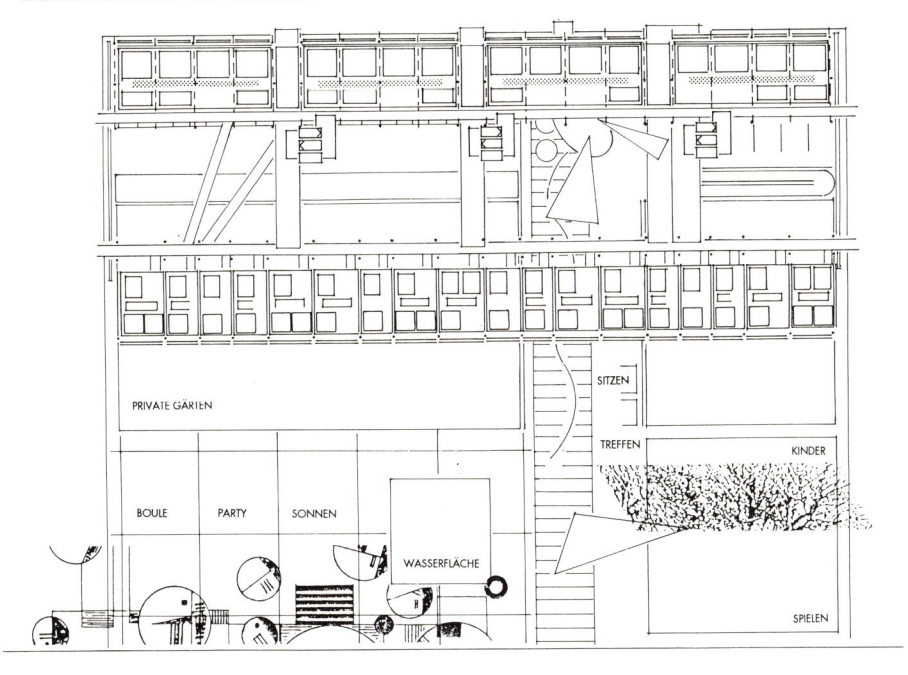

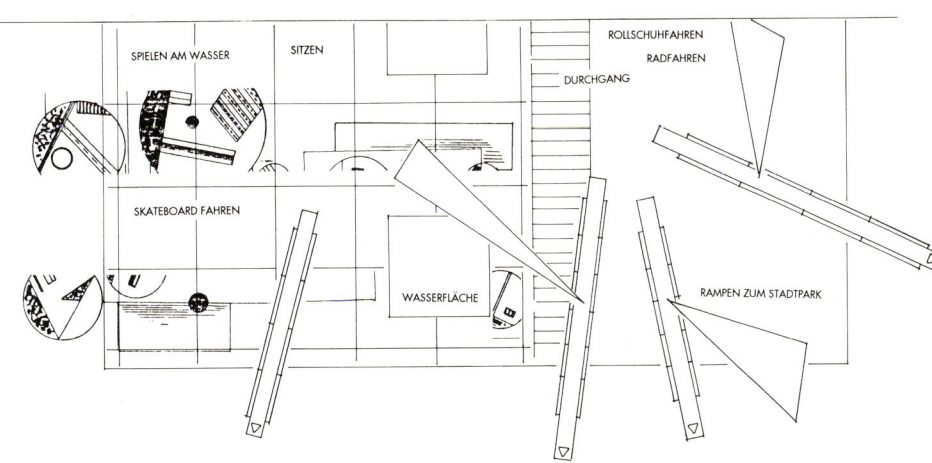

stellt die Verbindung zum Stadtpark her.

Die unterschiedliche Rasterfolge der Gebäude hat das Klavier und die Musik zum Vorbild. Die Gestaltung mit großen Wasserflächen erinnert an das ehemalige städtische Hallenbad an diesem Platz. Das Gebäudie ist so aufgebaut, daß die Sonne zur Energiegewinnung aktiv und passiv optimal genutzt wird.

Die Gebäudeform unterstützt die natürliche Belüftung und minimiert die Wärmeverluste durch Wind. Die Luftbewegung über dem stromlinienförmigen Dach erzeugt einen Sog, der die Abluft aus dem Gebäude führe. Das geneigte, nach Süden orientierte Dach dient der Belichtung und übernimmt die Energiegewinnung des Gebäudes.

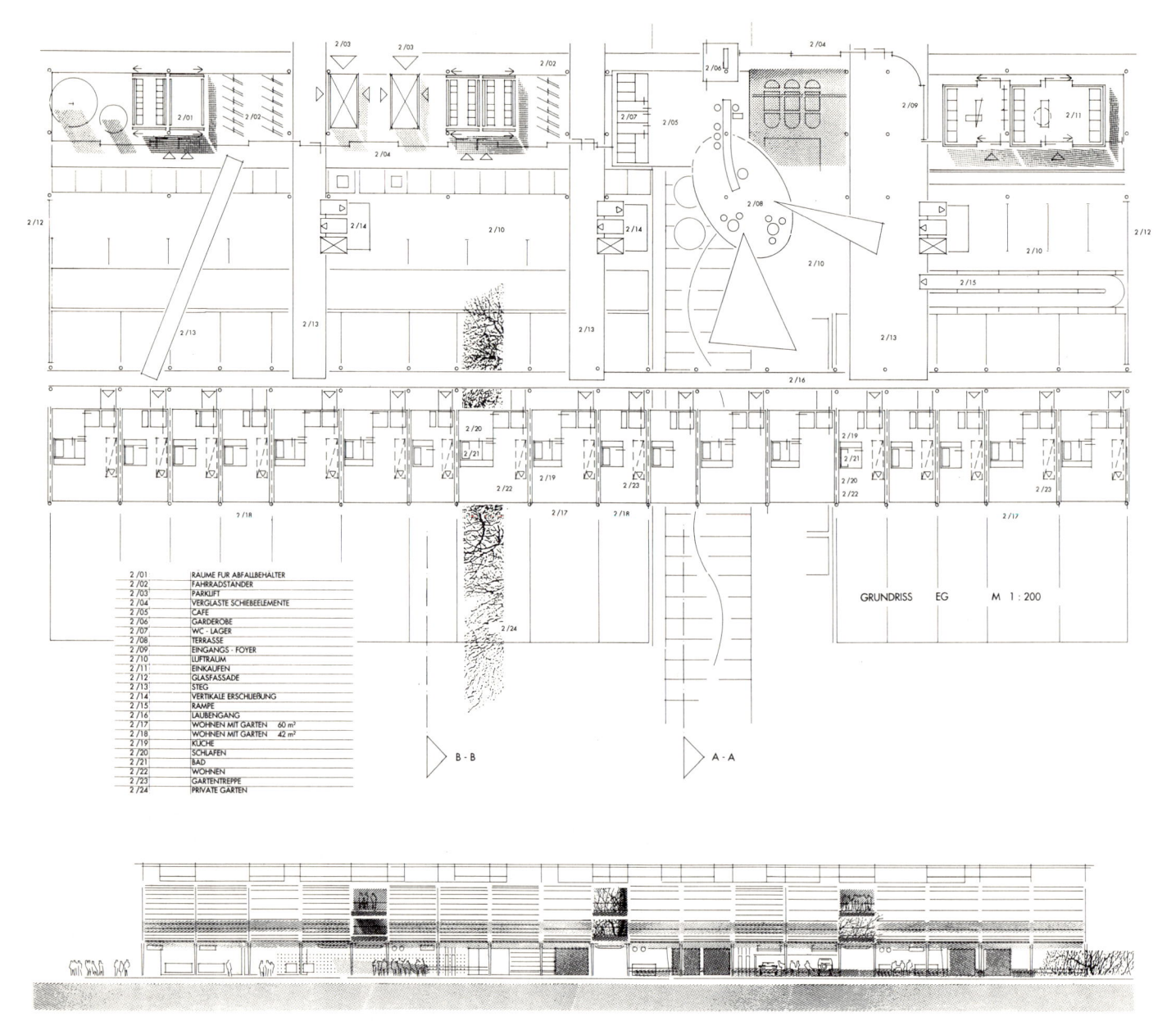

2/01	RÄUME FUR ABFALLBEHALTER	
2/02	FAHRRADSTÄNDER	
2/03	PARKLIFT	
2/04	VERGLASTE SCHIEBEELEMENTE	
2/05	CAFE	
2/06	GARDEROBE	
2/07	WC - LAGER	
2/08	TERRASSE	
2/09	EINGANGS - FOYER	
2/10	LUFTRAUM	
2/11	EINKAUFEN	
2/12	GLASFASSADE	
2/13	STEG	
2/14	VERTIKALE ERSCHLIESSUNG	
2/15	RAMPE	
2/16	LAUBENGANG	
2/17	WOHNEN MIT GARTEN	60 m²
2/18	WOHNEN MIT GARTEN	42 m²
2/19	KÜCHE	
2/20	SCHLAFEN	
2/21	BAD	
2/22	WOHNEN	
2/23	GARTENTREPPE	
2/24	PRIVATE GÄRTEN	

GRUNDRISS EG   M 1:200

Ansicht

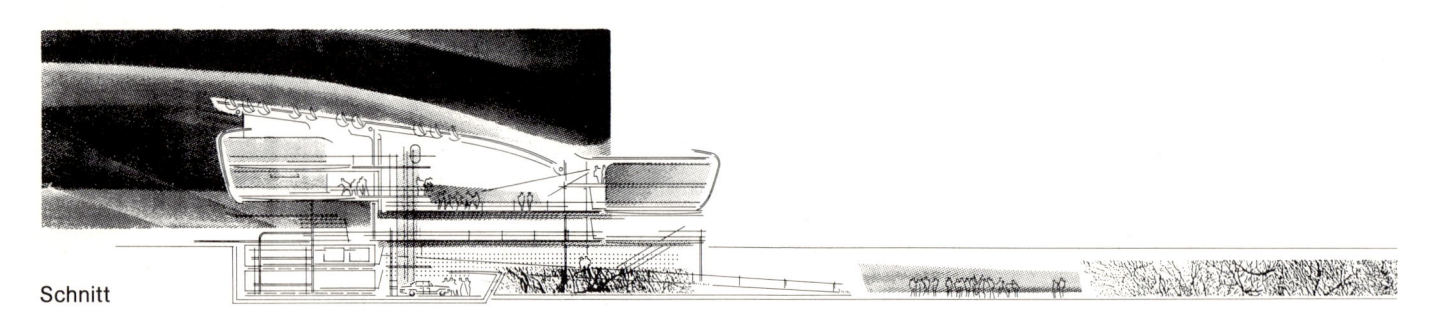

Schnitt

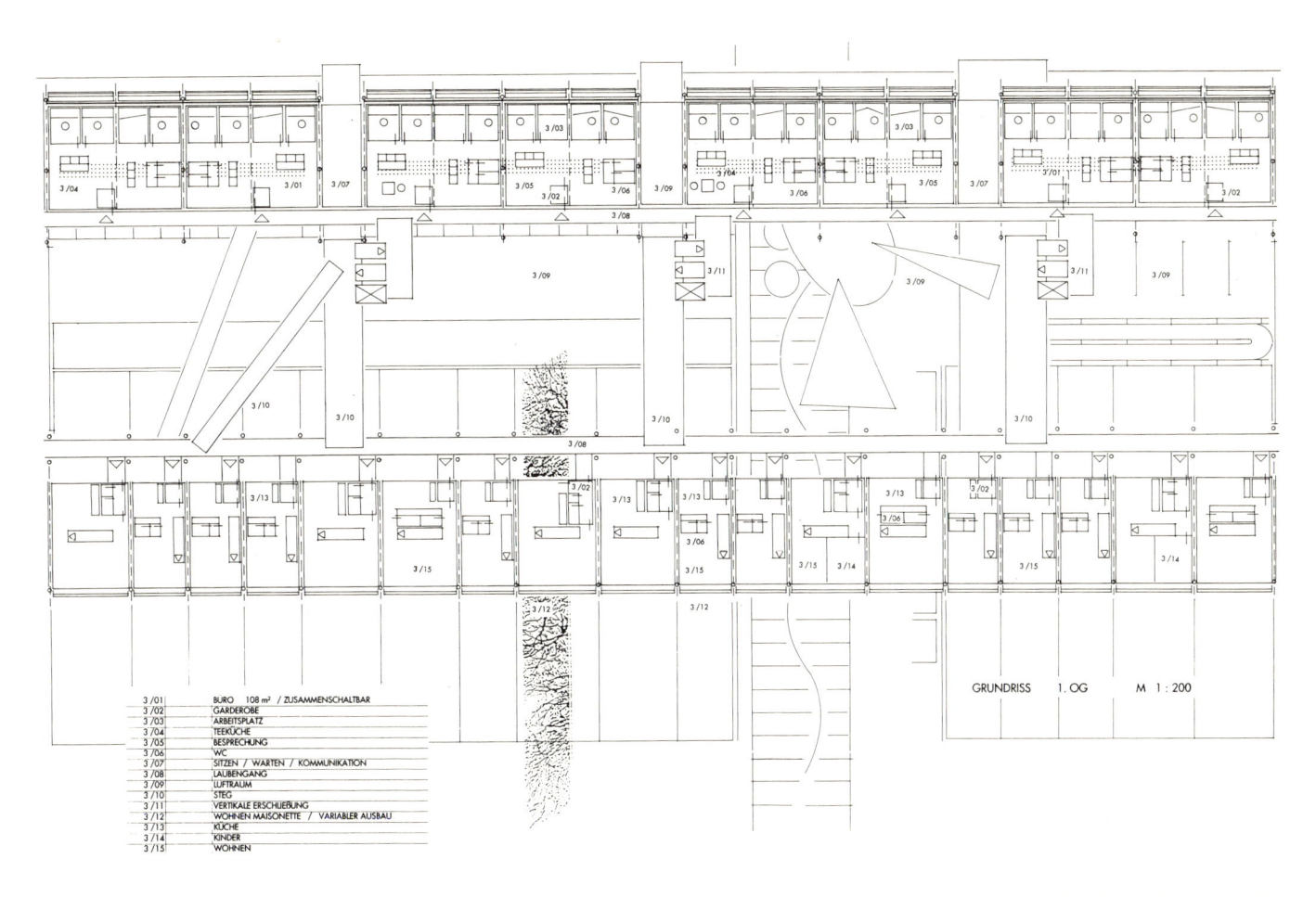

3/01	BÜRO 108 m² / ZUSAMMENSCHALTBAR
3/02	GARDEROBE
3/03	ARBEITSPLATZ
3/04	TEEKÜCHE
3/05	BESPRECHUNG
3/06	WC
3/07	SITZEN / WARTEN / KOMMUNIKATION
3/08	LAUBENGANG
3/09	LUFTRAUM
3/10	STEG
3/11	VERTIKALE ERSCHLIEßUNG
3/12	WOHNEN MAISONETTE / VARIABLER AUSBAU
3/13	KÜCHE
3/14	KINDER
3/15	WOHNEN

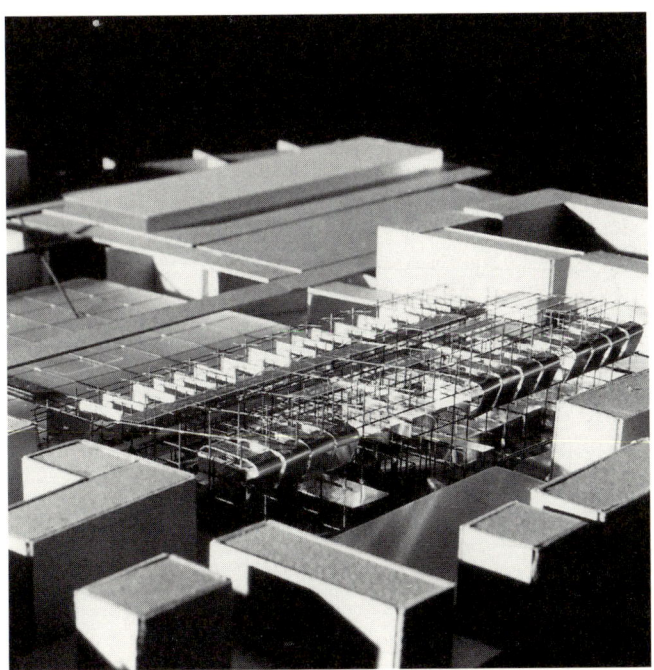

GRUNDRISS 1. OG   M 1:200

45

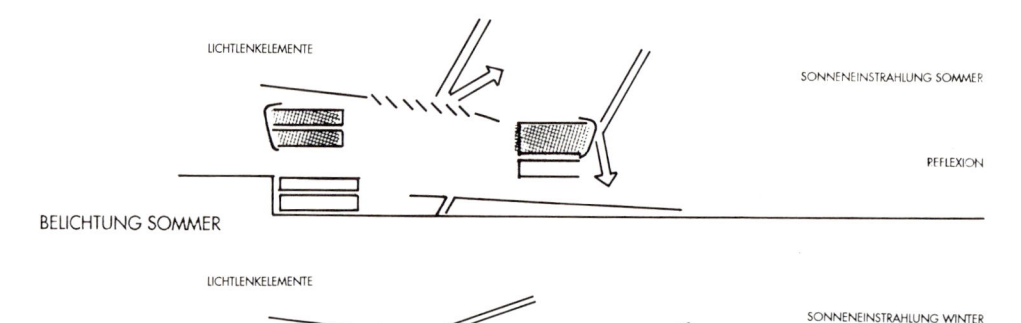

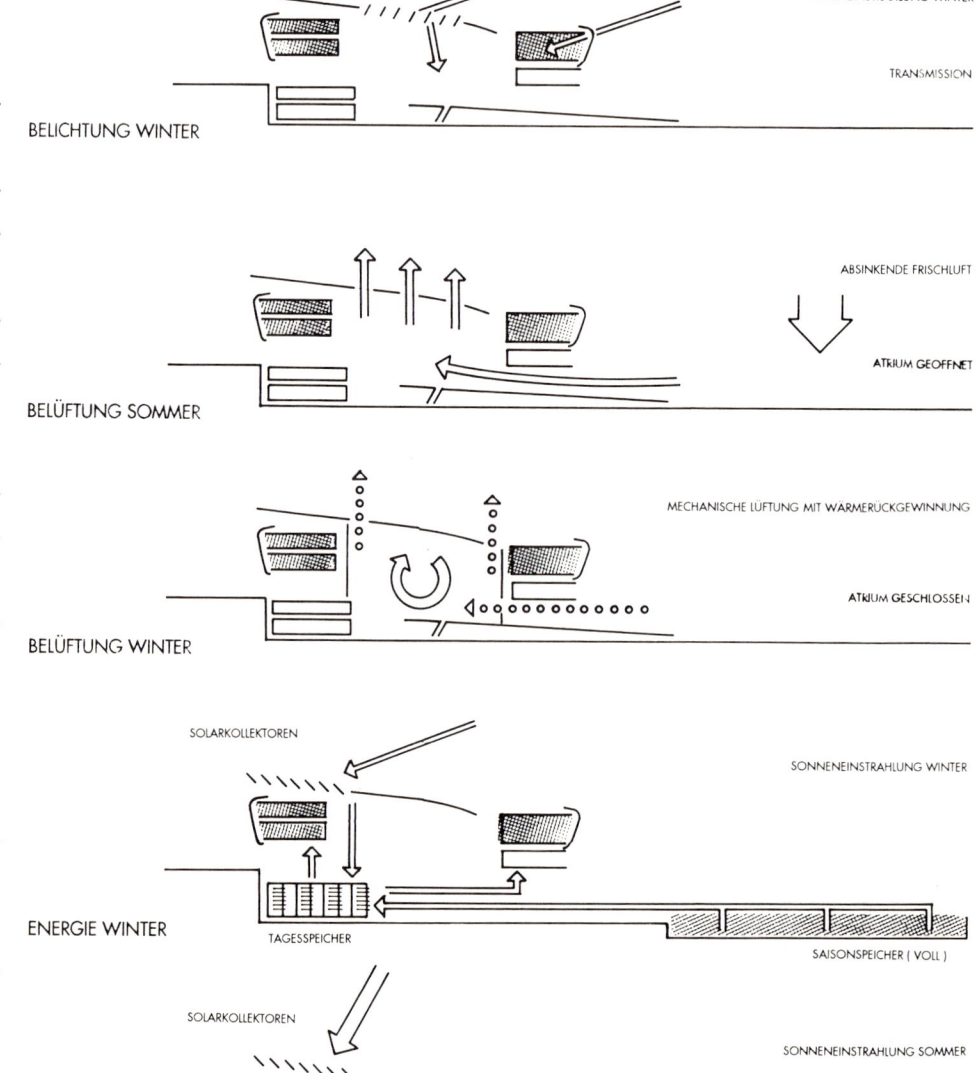

Die großflächige Platzbegrünung wird zu Verbesserung der Luftqualität genutzt. Wasserflächen auf dem Platz dienen der Gestaltung und als Regenwassersammelbecken.

Die Anlage ist in mehrere Bereiche unterschiedlicher Öffentlichkeit, Nutzung und Klimatisierung unterteilt:
— Arbeitsräume von Dienstleistungsunternehmen im Nordwesten der Anlage
— ein Klimaatrium als Kommunikations- und Pufferzone
— ein öffentlicher Platz, der in den Stadtpark führt.

Die Wohnungen sind in einer Scheiben-Skelettbauweise ausgeführt, wodurch ein variabler, individueller Ausbau möglich ist. Die Bürobereiche sind in Einheiten zu je 54 m² gegliedert und mit horizontalen Installationskanälen ausgestattet. Dadurch können je nach Erfordernis unterschiedliche Bürogrößen zusammengeschaltet werden.

BELICHTUNG:

DIE GERINGE GEBÄUDETIEFE SOWIE DIE AUFTEILUNG DES BAUKÖRPERS IN LAUBENGANG UND WOHNUNG SORGEN FÜR EINE GUTE BELICHTUNG DER RÄUME. LICHTSTREUENDE UND LICHTLENKENDE ELEMENTE AUF DEM ATRIUMDACH GARANTIEREN AUCH IM WINTER EINE OPTIMALE TAGESLICHTAUSLEUCHTUNG. EIN STEUERBARER SONNENSCHUTZ SCHÜTZT DAS GEBÄUDE VOR ÜBERHITZUNG. DIE GENEIGTE FASSADE REFLEKTIERT STEILE SOMMEREINSTRAHLUNG UND LÄßT FLACHE EINSTRAHLUNG DURCH.

BELÜFTUNG:

DIE BELÜFTUNG ERFOLGT HAUPTSÄCHLICH VON SÜDEN AUS, WO DIE FRISCHLUFT ÜBER DEN GRÜNFLÄCHEN DES PLATZES ABFÄLLT, SAUERSTOFF AUFNIMMT UND IN DAS GEBÄUDE GEFÜHRT WIRD. IM SOMMER WIRD DAZU DAS ATRIUM DURCH KLAPPEN IM DACH UND SCHIEBETÜREN IM ERDGESCHOSS GROßFLÄCHIG GEÖFFNET. IM WINTER KANN DAS ATRIUM VOLLSTÄNDIG GESCHLOSSEN WERDEN UND DIENT ALS PUFFERZONE. DIE BELÜFTUNG ERFOLGT DANN MECHANISCH MIT WÄRMERÜCKGEWINNUNG ÜBER KANÄLE UNTERHALB DES WOHNUNGSGEBÄUDE.

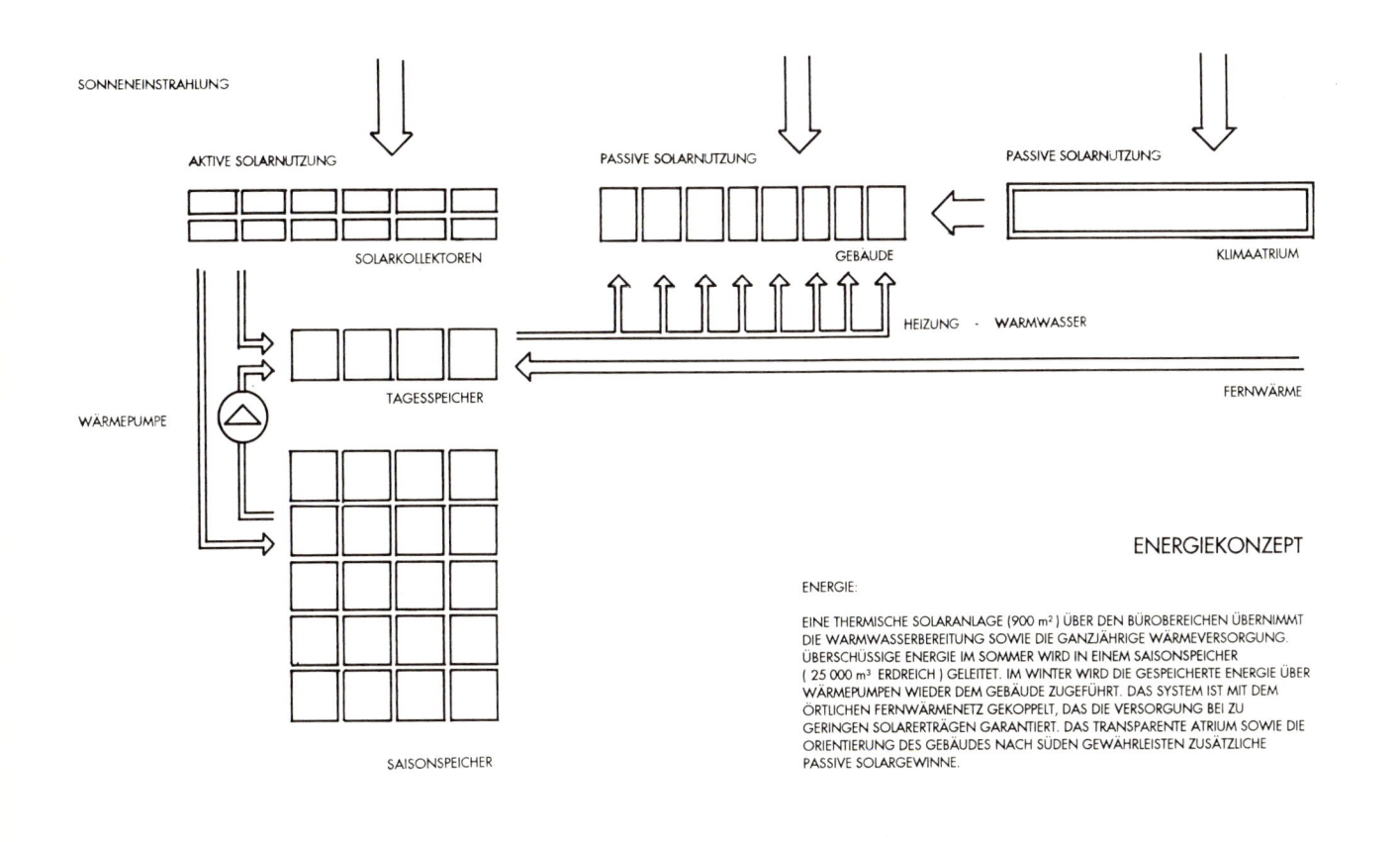

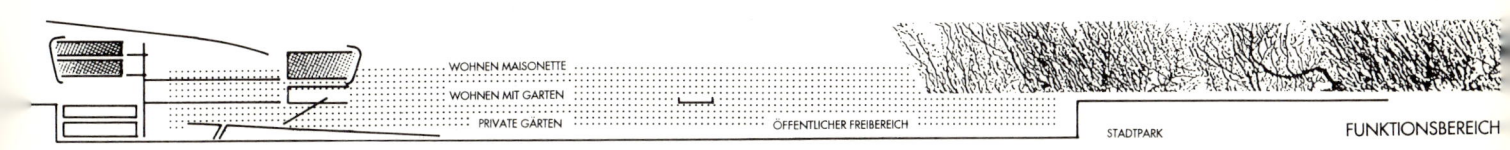

SONNENEINSTRAHLUNG

AKTIVE SOLARNUTZUNG — SOLARKOLLEKTOREN

PASSIVE SOLARNUTZUNG — GEBÄUDE

PASSIVE SOLARNUTZUNG — KLIMAATRIUM

WÄRMEPUMPE

TAGESSPEICHER

HEIZUNG - WARMWASSER

FERNWÄRME

SAISONSPEICHER

ENERGIEKONZEPT

ENERGIE:

EINE THERMISCHE SOLARANLAGE (900 m²) ÜBER DEN BÜROBEREICHEN ÜBERNIMMT DIE WARMWASSERBEREITUNG SOWIE DIE GANZJÄHRIGE WÄRMEVERSORGUNG. ÜBERSCHÜSSIGE ENERGIE IM SOMMER WIRD IN EINEM SAISONSPEICHER (25 000 m³ ERDREICH) GELEITET. IM WINTER WIRD DIE GESPEICHERTE ENERGIE ÜBER WÄRMEPUMPEN WIEDER DEM GEBÄUDE ZUGEFÜHRT. DAS SYSTEM IST MIT DEM ÖRTLICHEN FERNWÄRMENETZ GEKOPPELT, DAS DIE VERSORGUNG BEI ZU GERINGEN SOLARERTRÄGEN GARANTIERT. DAS TRANSPARENTE ATRIUM SOWIE DIE ORIENTIERUNG DES GEBÄUDES NACH SÜDEN GEWÄHRLEISTEN ZUSÄTZLICHE PASSIVE SOLARGEWINNE.

STADTPARK — GEBÄUDEFORM

WOHNEN MAISONETTE
WOHNEN MIT GARTEN
PRIVATE GÄRTEN — ÖFFENTLICHER FREIBEREICH — STADTPARK — FUNKTIONSBEREICH

Axel Bienhaus

Der Entwurf »Porsche-Zentrum« versteht sich als in Architektur umgesetzte Öffentlichkeitsarbeit. Nur wenn die Energieproblematik auch dem Teil der Gesellschaft bewußt gemacht wird, der gesellschaftlichen Status anhand von Höchstgeschwindigkeiten und Zylinderzahl bestimmt, kann mit spürbaren Energieeinsparungen gerechnet werden.

Die städtebauliche Situation definiert sich aus der Lage an der vierspurigen Pariser Straße und der unmittelbaren Nachbarschaft der Feuerwehrwache sowie zahlreicher Gewerbebauten und Tankstellen.

PORSCHE-ZENTRUM KAISERSLAUTERN

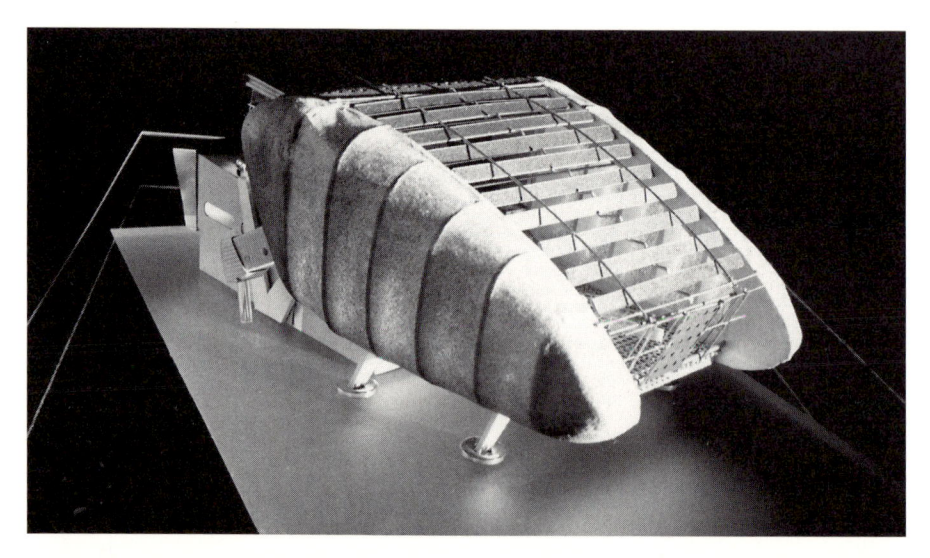

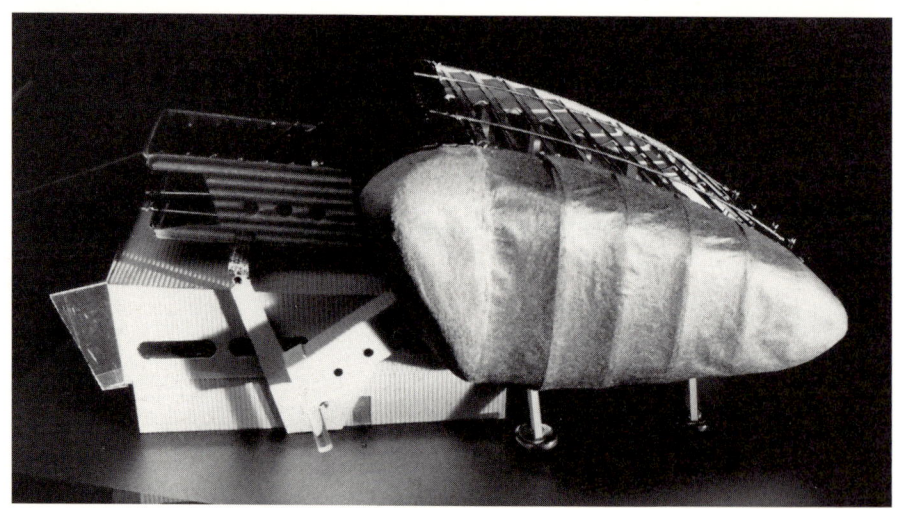

Konzeption:

Der Baukörper ist ein formal autarkes Objekt. Formgebung und Material orientieren sich am Fahrzeugbau und an den energetischen Notwendigkeiten. An einen aerodynamischen Hauptkörper, dem Ausstellungsraum, sind der Werkstattblock sowie der Bürotrakt angedockt. Der gesamte Bau steht, einem (Raum-)Fahrzeug ähnlich, in einem Dock, das durch eine Betondecke überdacht ist.

Konstruktion:

Die Längsaussteifung übernehmen zwei als Scheiben wirkende Stahlkonstruktionen. In Querrichtung sind zusammengesetzte Träger als geschlossene Tragstruktur angeordnet. Sie tragen die Außenhaut. Die Seitenflächen sind mit einem Verbundmaterial überspannt, das ähnlich einer transparenten Wärmedämmung funktioniert, die Dachfläche ist verglast und mit den Photovoltaikelementen bestückt.

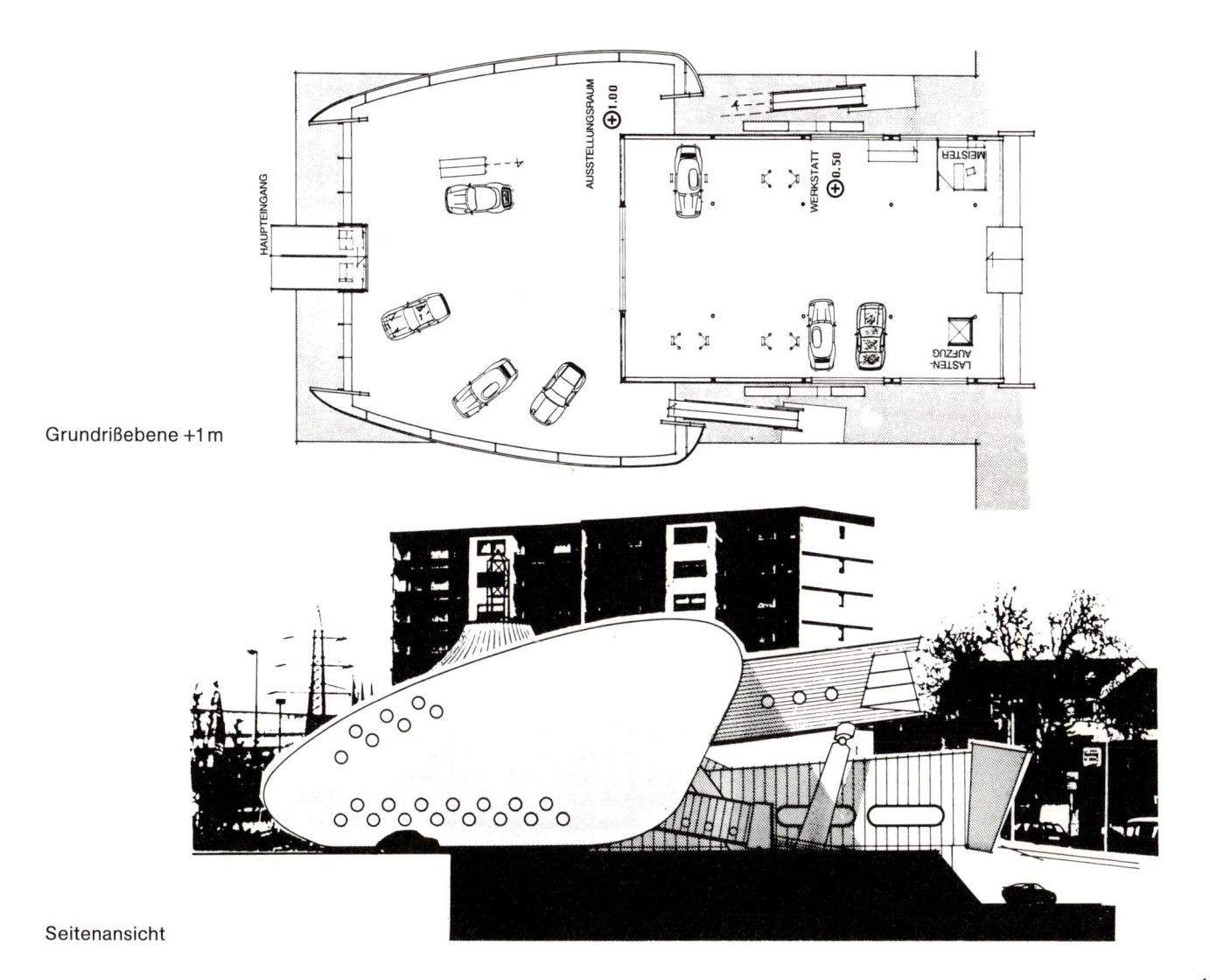

Grundrißebene +1 m

Seitenansicht

Grundrißebene +7,75 m

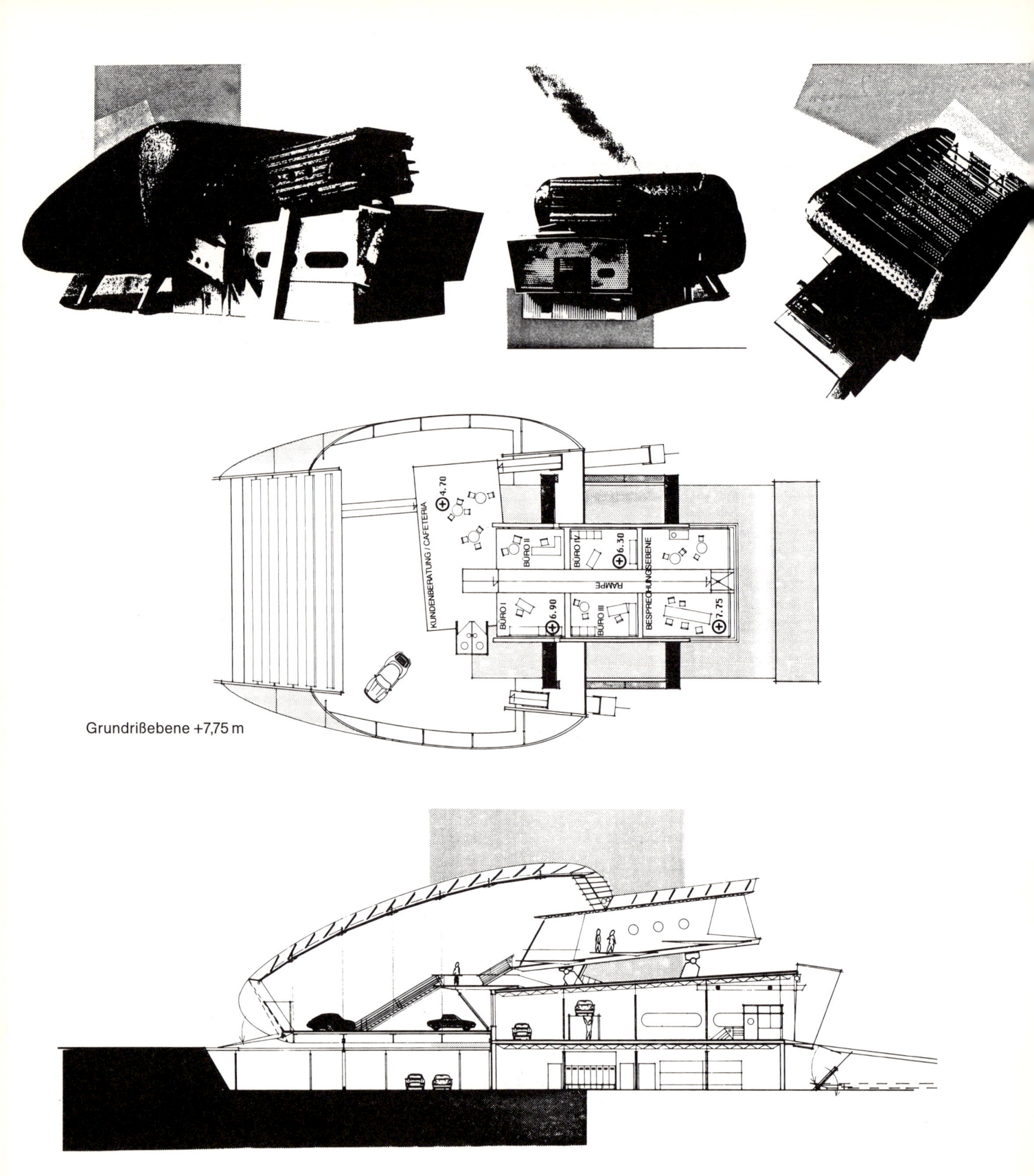

SCHEMA PHOTOVOLTAIK

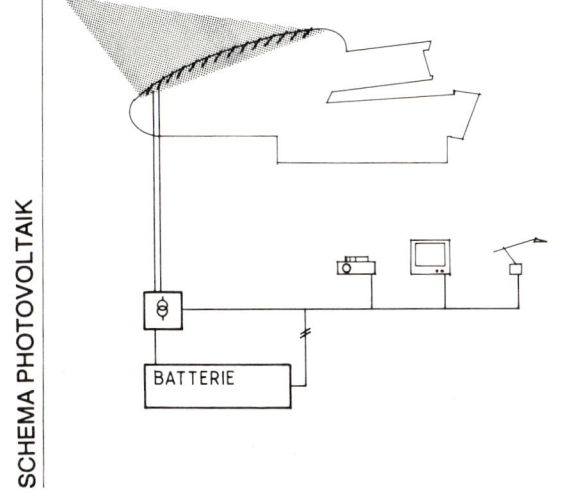

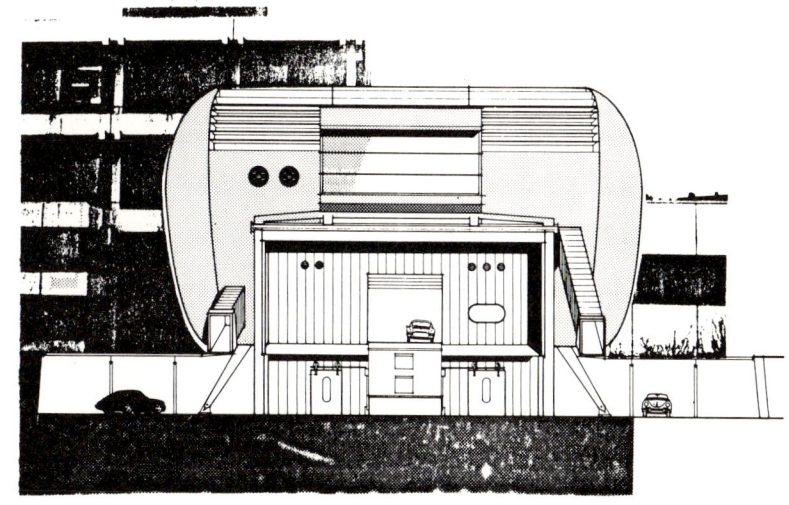

BATTERIE

Ansicht Rückseite

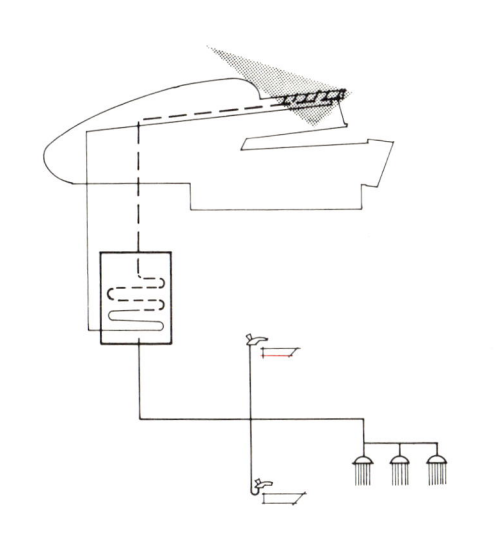

SCHEMA SONNENKOLLEKTOREN

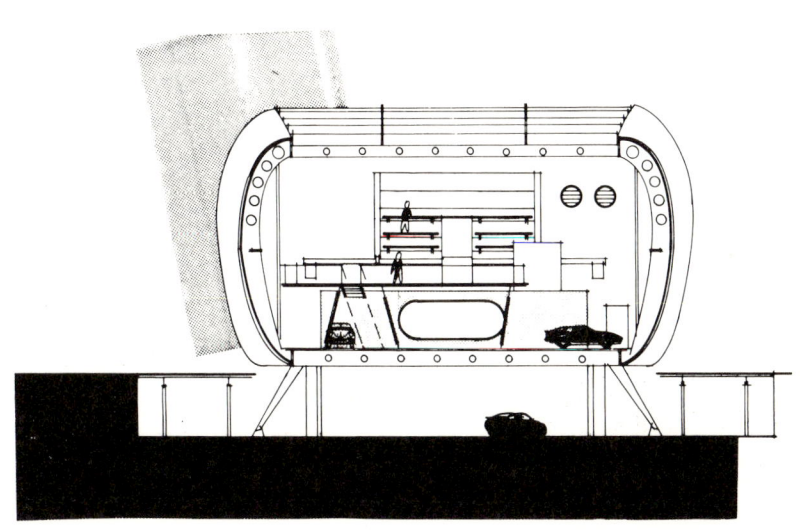

51

**Daniel Westenberger
Martin Spitzer**

Die FH-Erweiterung liegt im Süden der Altstadt von Mainz am südlichen Ende des Winterhafens. Das Gebäude markiert den Abschluß der eigentlichen Innenstadt vor der Bahntrasse Mainz–Frankfurt beziehungsweise Mainz–Mannheim, hinter der der Vorort Weisenau beginnt. Von dem Gebäude soll eine Signalwirkung ausgehen, um die dringend notwendige Neuorganisation der an den Hafen angrenzenden Fläche zu beschleunigen. Dies wird durch den Zusammenhang mit in der Umgebung bereits vorhandenen Bebauung durch die Fachhochschule, Siemens/Nixdorf, Kulturzentrum und das Römerschiffmuseum erreicht.

ERWEITERUNG DER FACHHOCHSCHULE MAINZ

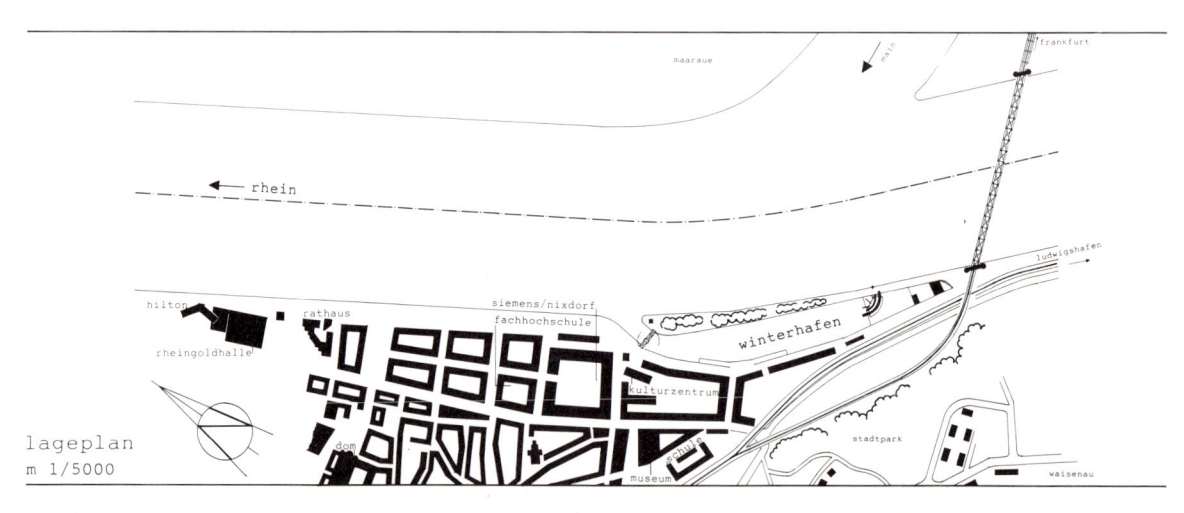

Das Gebäude formt durch die Viertelkreisform den Lauf der Sonne nach. Eine Klimahülle, bestehend aus massiver Rückwand und transparenter Dachschräge, bilden den Innenraum, in den auf einem Stützensystem ruhende Ebenen eingestellt werden. Ziel war es, eine Integration der solarenergiegewinnenden Elemente in die Architektur zu erreichen. Photovoltaikelemente und Sonnenkollektoren werden neben Einfachverglasung als Dachhaut eingesetzt.

Es soll ermöglicht werden, daß Professoren mit Studentengruppen in einem Arbeitsbereich an einem Projekt (zum Beispiel Semesterentwurf) für einen bestimmten Zeitraum arbeiten können. Neben der Schaffung von Arbeitsbereichen für Studenten sollen außerdem interdisziplinäre Projekte möglich sein. Ziel ist auch die Vernetzung von Hochschule und Praxis, zum Beispiel durch Seminare, die von der Architektenkammer oder ähnlichen Institutionen veranstaltet werden.

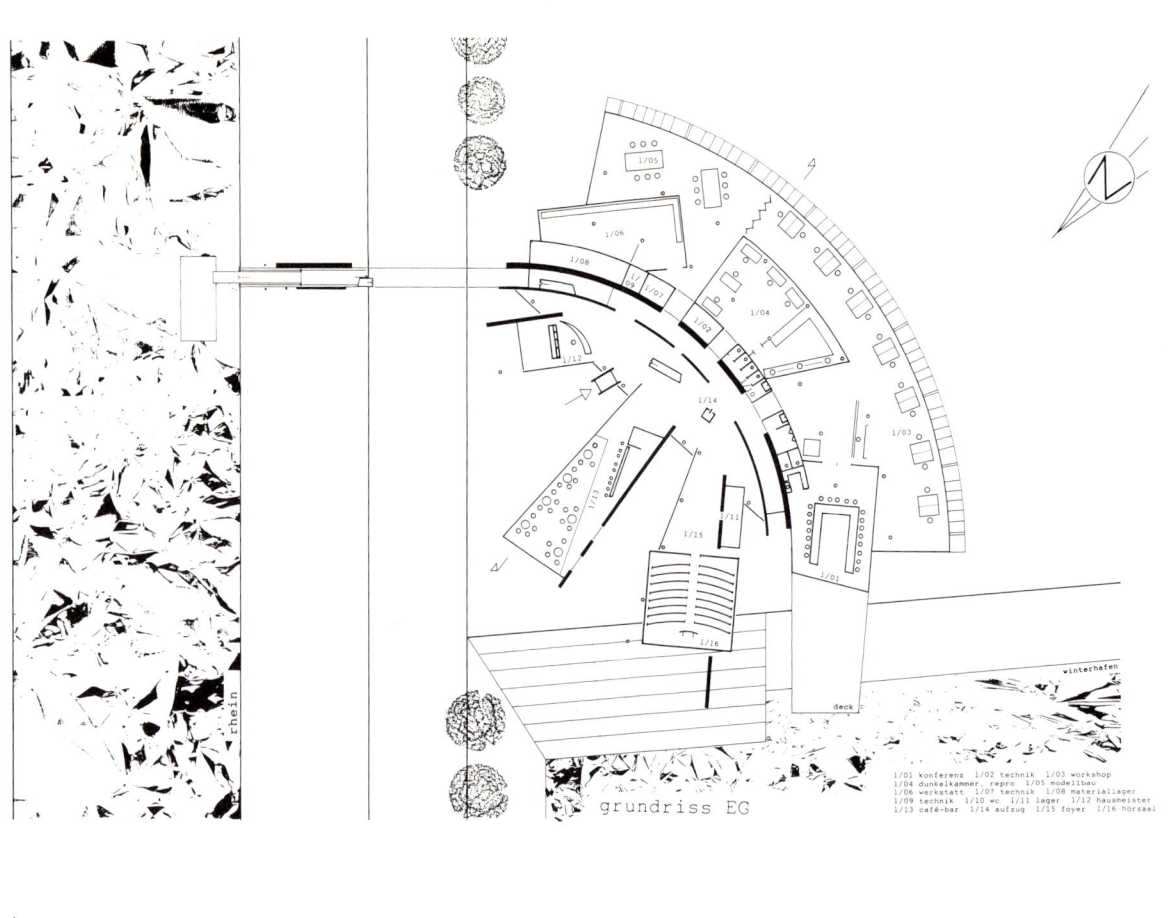

grundriss EG

1/01 konferenz 1/02 technik 1/03 workshop
1/04 dunkelkammer, repro 1/05 modellbau
1/06 werkstatt 1/07 technik 1/08 materiallager
1/09 technik 1/10 wc 1/11 lager 1/12 hausmeister
1/13 café-bar 1/14 aufzug 1/15 foyer 1/16 hörsaal

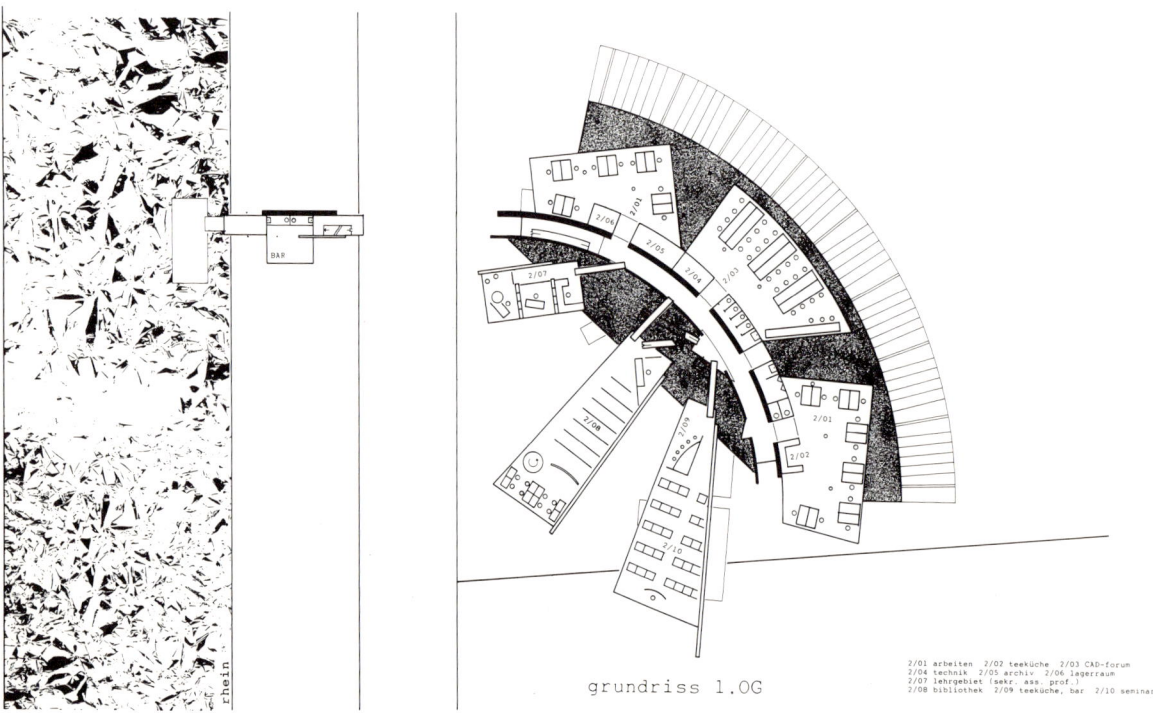

grundriss 1.OG

2/01 arbeiten 2/02 teeküche 2/03 CAD-forum
2/04 technik 2/05 archiv 2/06 lagerraum
2/07 lehrgebiet (sekr. ass. prof.)
2/08 bibliothek 2/09 teeküche, bar 2/10 seminar

rhein   winterhafen

ansicht nordwest

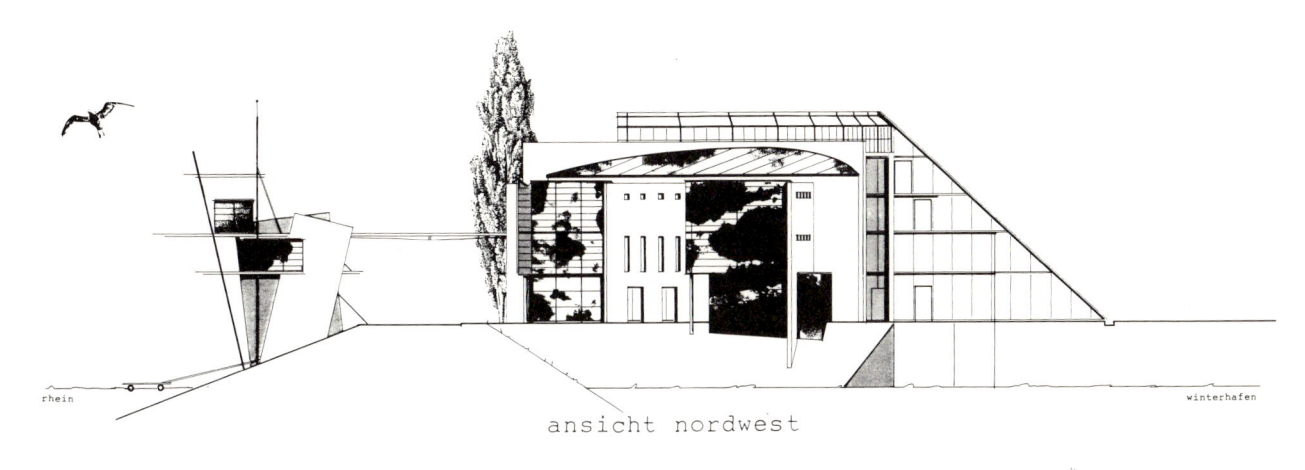

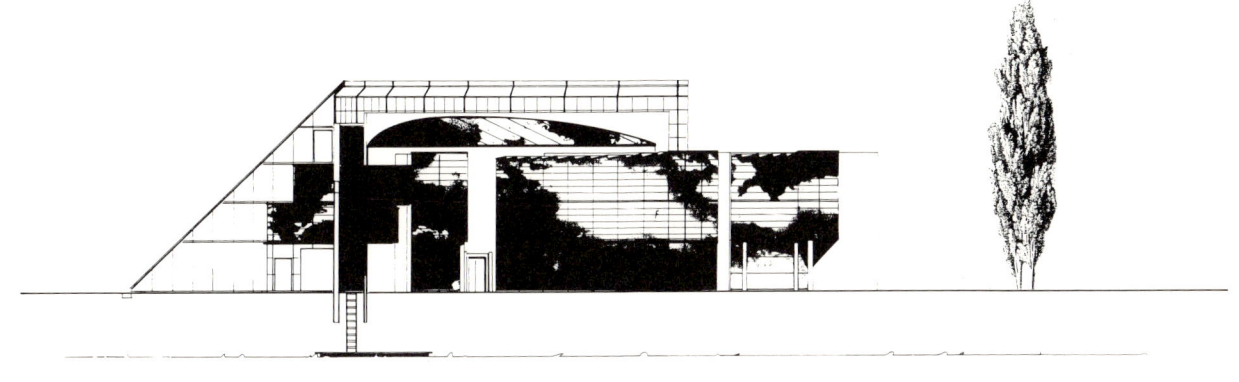

ansicht nordost

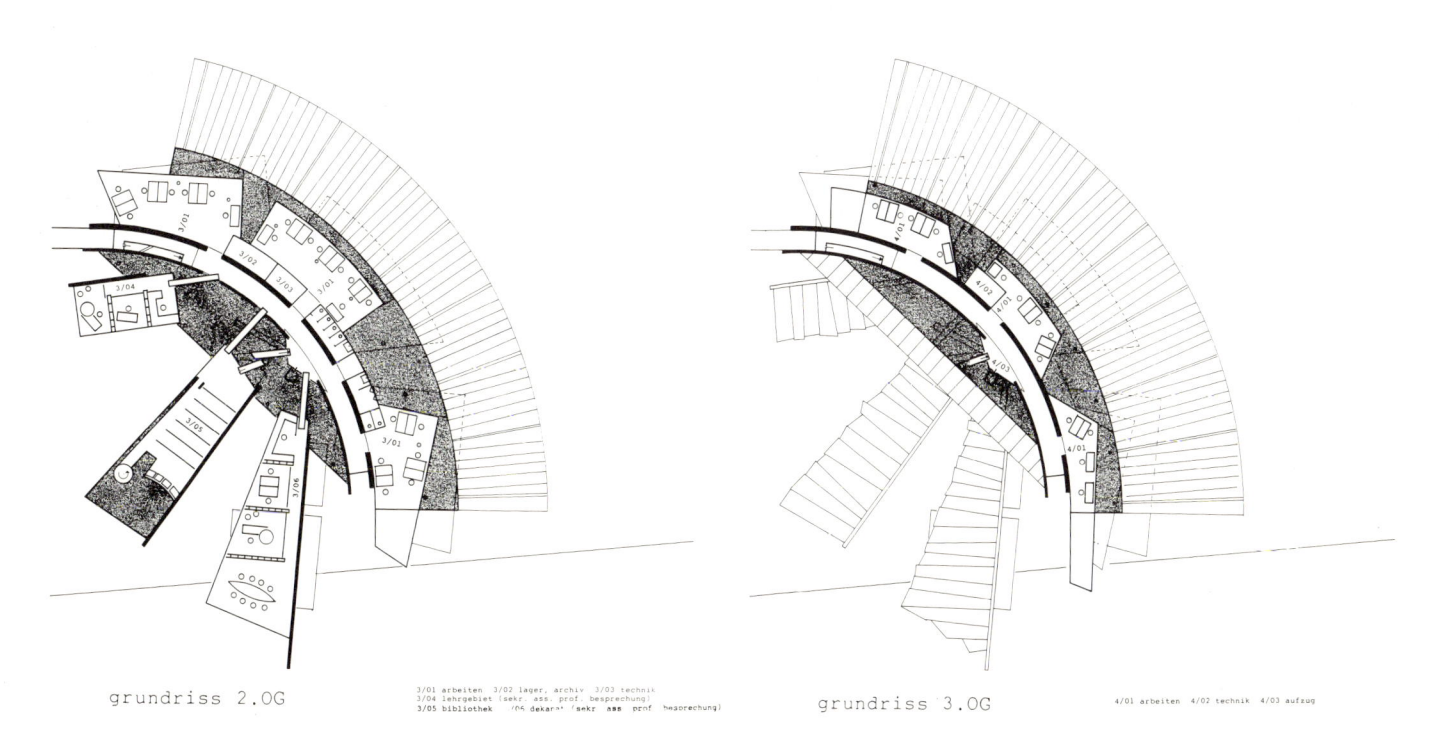

grundriss 2.OG

3/01 arbeiten 3/02 lager, archiv 3/03 technik
3/04 lehrgebiet (sekr. ass. prof. besprechung)
3/05 bibliothek /06 dekanat (sekr ass prof besprechung)

grundriss 3.OG

4/01 arbeiten 4/02 technik 4/03 aufzug

55

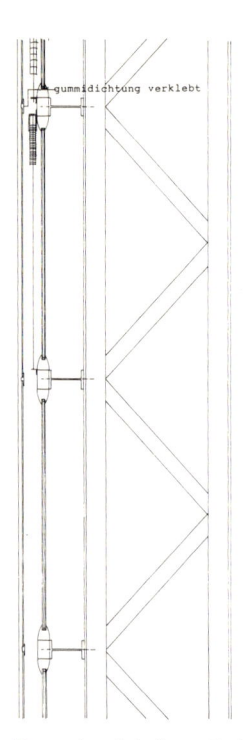

Fassadendetail vertikal,
Normalfeld

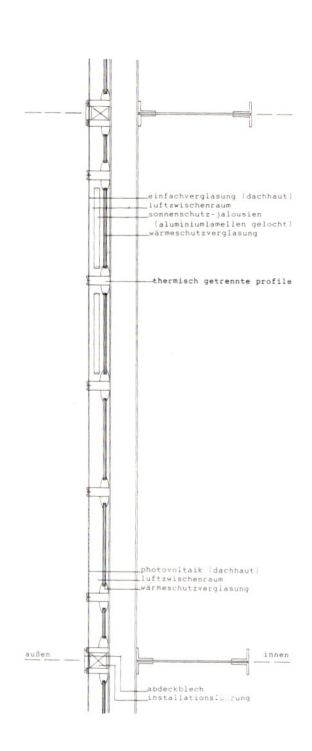

Fassadendetail horizontal,
Normalfeld

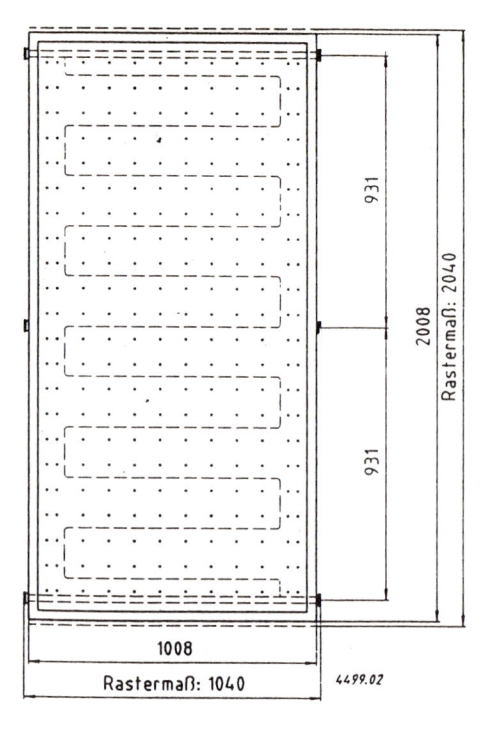

Vakuumflachkollektor von
Stiebel-Eltron

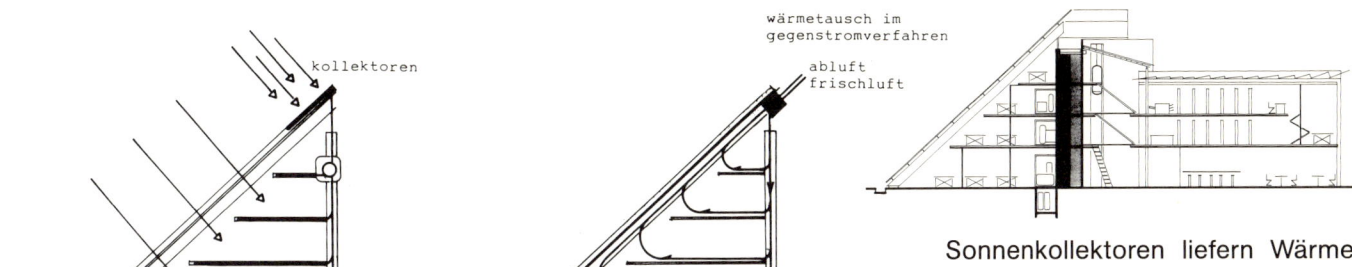

Funktionsschema Heizung

Funktionsschema Lüftung (Winter)

Das Absorbtionssystem
Beim Absorbtionsverfahren wird Ammoniak als Kältemittel eingesetzt. Zusätzlich enthält der Kreislauf Hilfsstoffe wie Wasser und Wasserstoff. Den Prinzipaufbau zeigt das Funktionsschema. Der Absorber ist der Behälter, der das Wasser enthält. Es besitzt die Eigenschaft, gasförmiges Ammoniak aufzunehmen. Im Kocher wird das Ammoniak durch Beheizen wieder aus dem Wasser herausgetrieben. Das Verfahren arbeitet praktisch geräuschlos und benötigt zum Antrieb Wärmeenergie. Diese wird von den Sonnenkollektoren in ausreichendem Umfang zur Verfügung gestellt, da nur an Tagen mit intensiver Sonneneinstrahlung die Kühlung des Gebäudes notwendig wird.

Energetisches Funktionsschema Sommer

Energetisches Funktionsschema Winter

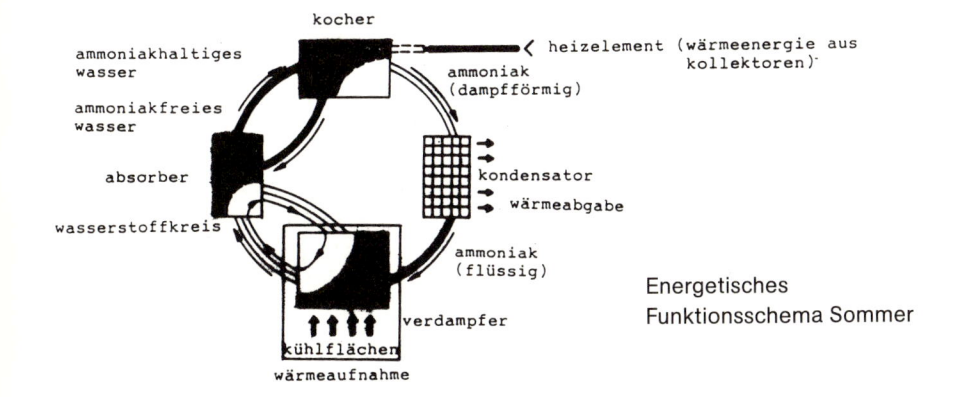

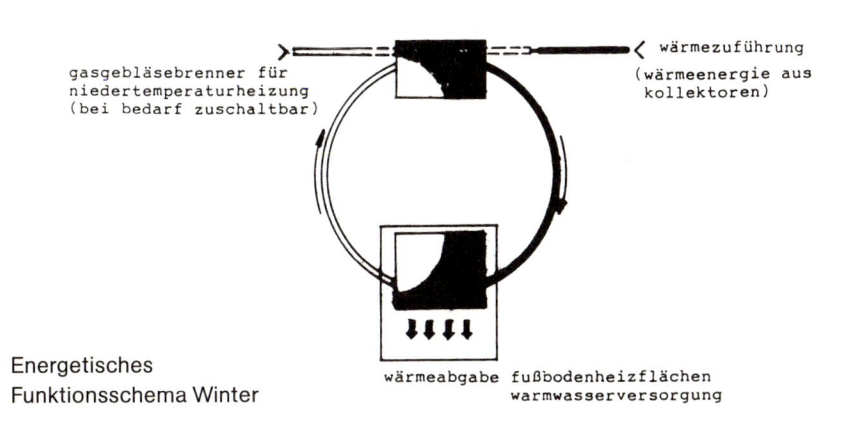

Sonnenkollektoren liefern Wärme für Niedrigtemperaturheizungsbetrieb und Warmwasserversorgung. Bei Bedarf kann über Gasgebläsebrenner zusätzliche Wärmeenergie zugeführt werden. Das Gebäude wird über Fußbodenheizungen beheizt, die individuell regelbar sind. Fußbodenheizelemente werden im Sommer als Kühlflächen verwendet, so daß kein zusätzlicher Kreislauf installiert werden muß. Warme Abluft gibt über Wärmetauscher Energie an kalte Frischluft ab, die so bereits vorgewärmt in das Gebäude gelangt. Die massive Rückwand und die Geschoßdecken wirken als Wärmespeicher. Im Sommer kann die erwärmte Luft unter der Glasfassade aufsteigen und durch das obere Fensterband entweichen. Die Einfachverglasung beziehungsweise die Photovoltaikelemente bilden die Wetterhaut. Die Luftschicht zwischen Wetterhaut und Wärmeschutzverglasung wirkt als zusätzlicher Wärmepuffer zwischen Außen- und Innenklima. Durch natürliche Auftriebsbe- und -entlüftung des Luftzwischenraums wird die Fassade gekühlt, wodurch ein größerer Wirkungsgrad der Photovoltaikelemente erzielt wird.

Michael Kettenbach

HAUS FÜR KINDER IN LUDWIGSHAFEN

Die günstigen klimatischen Verhältnisse Ludwigshafens eignen sich besonders gut zur Ausnutzung solarer Energien. Die lange Sonnenscheindauer und die wenigen Schneetage ermöglichen eine fast 100prozentige Nutzbarkeit des Sonnenscheins. Bei dem Plangebiet handelt es sich um einen der ältesten Teile Ludwigshafens, der bereits längst vor der eigentlichen Stadtgründung bestanden hatte. Obwohl die Stadt im Zweiten Weltkrieg fast gänzlich zerstört wurde, blieb dieser Stadtteil teilweise verschont. So blieb viel von der alten Bausubstanz erhalten, lediglich das Plangebiet ist als Baulücke zurückgeblieben. Trotz der Nähe zur Innenstadt ist hier, gerade wegen des hohen Anteils ausländischer Mitbürger, ein bunter und geschäftiger Stadtteil – ähnlich einer Dorfgemeinschaft – mitten in der Großstadt entstanden. Wegen der hohen Bevölkerungsdichte wachsen viele Kinder unterschiedlichster Nationalitäten in diesem Stadtteil auf, denen ein

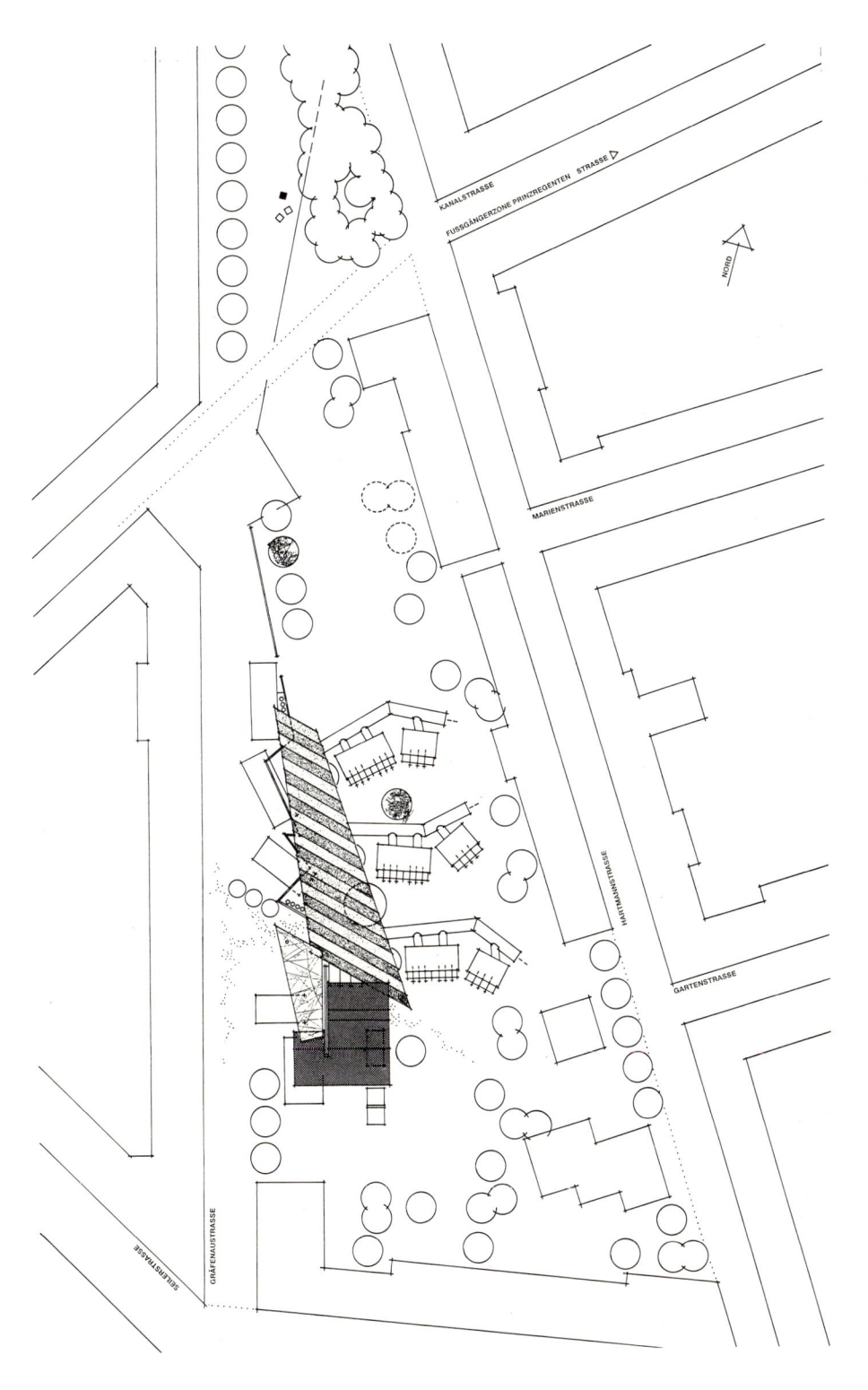

Haus für Kinder geschaffen werden sollte. Kulturelle Einrichtungen wie Ausstellungen, Seminare und ähnliches sind meist Erwachsenen vorbehalten. Auch Kinder sollten lernen, für ihr Kino, Café und diverse Veranstaltungen Engagement und Verantwortung zu entwickeln. Wo könnten bessere Ansätze gemacht werden als in einem Haus nur für Kinder? Von der Kinderkrippe für die Kleinsten bis zur Halbtagsbetreuung von Zehnjährigen wird hier die Grundlage geschaffen, in der Gemeinschaft zu bestehen. Ein lustiges Gebäude mit heiteren Farben und vielen verschiedenen Materialien unterstützt den Entdeckungsdrang der kommenden Generation, gerade im Hinblick auf alternative Energien. Offen liegende Rohre, Leitungen und Behälter machen es den Kindern möglich, Energiewege zu verfolgen und zu begreifen. Von diesem Begreifen ist es abhängig, ob die Solarenergienutzung in der Zukunft bestehen wird. Die Nutzung der Sonnenenergie sollte etwas Selbstverständliches sein und kein Anhängsel moderner Architektur. Ein Haus für Kinder, das spielerisch auf diese Möglichkeiten aufmerksam macht, kann ein Lösungsweg zu dieser Selbstverständlichkeit sein.

Die zentral angeordnete Halle ist einerseits Drehscheibe zu den verschiedenen Bereichen des Gebäudes und andererseits Passage von der Gräfenaustraße zum Park in Richtung Hartmannstraße und Fußgängerzone. Kleine Boutiquen, die Kletterwand und das höher liegende Café unterstreichen den multifunktionellen Charakter der Halle, die auch als Aula für diverse Veranstaltungen einen günstigen Rahmen bildet. Das Café bildet eine zweite Ebene auf beiden Seiten der Wandscheibe und schiebt sich teilweise unter die Sheddächer der Begegnungshallen. In diesem Bereich gewährt die geringere Kopffreiheit den Kindern einen Rückzugsbereich mit guten Beobachtungsmöglichkeiten des Eingangs und der Halle. An die Halle schließt der eigentliche Betreuungsbereich mit der Begegnungshalle und den angedockten Gruppenräumen an. Die Begegnungshalle mit Bodenmodellierungen und dem runden Mehrzweckraum (Turnen, Musik) ist überdeckt von nach Süden ausgerichteten Sheddächern. Die Südseite ist mit Sonnenkollektoren bestückt, die die Dachneigung begründen und die Nordseite dient mit transparenter Wärmedämmung der Belichtung und Dämmung.

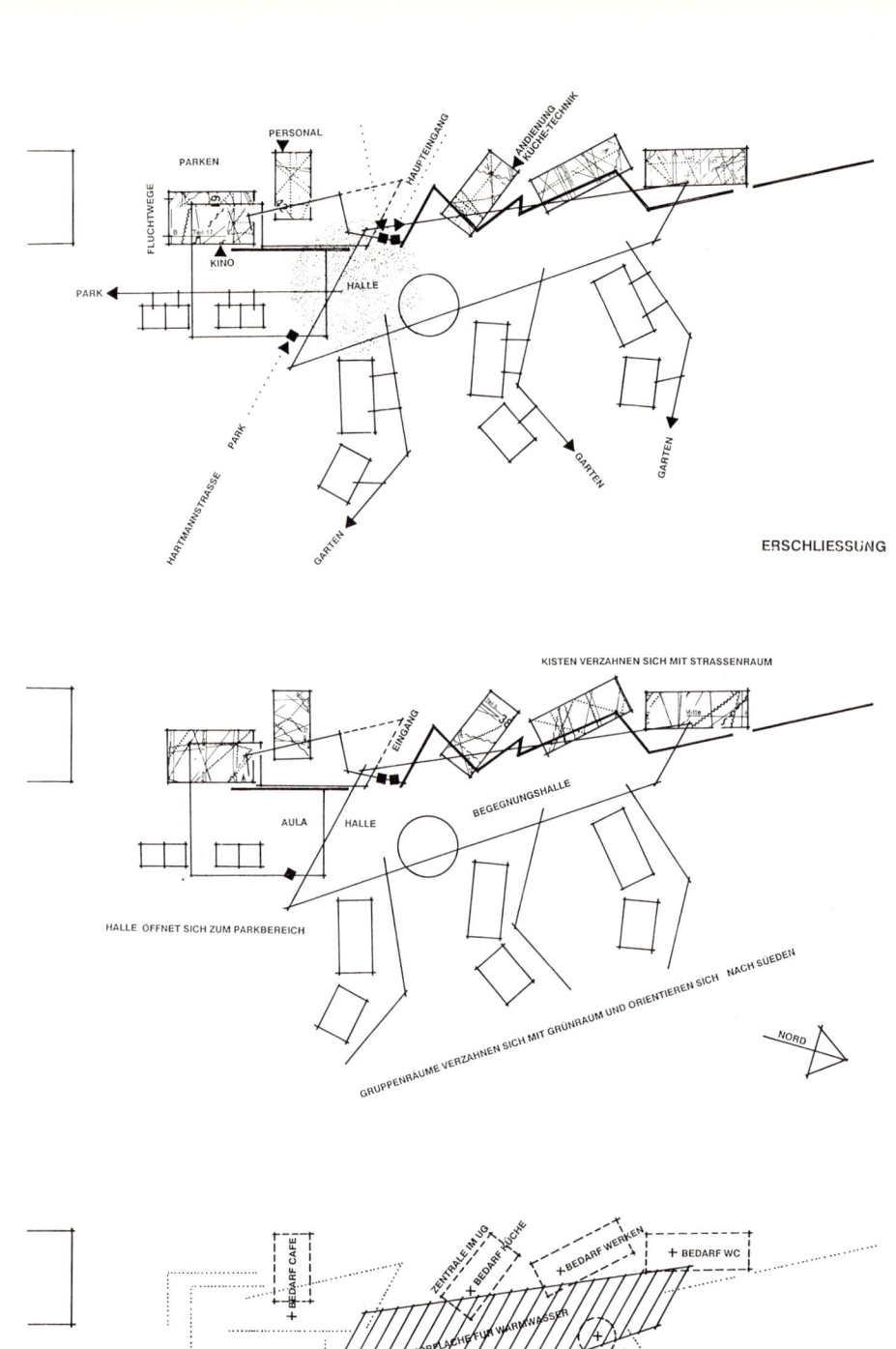

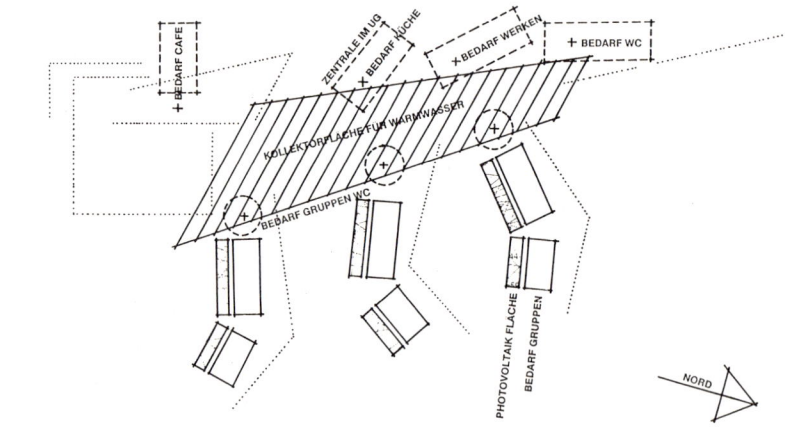

Grundriß EG

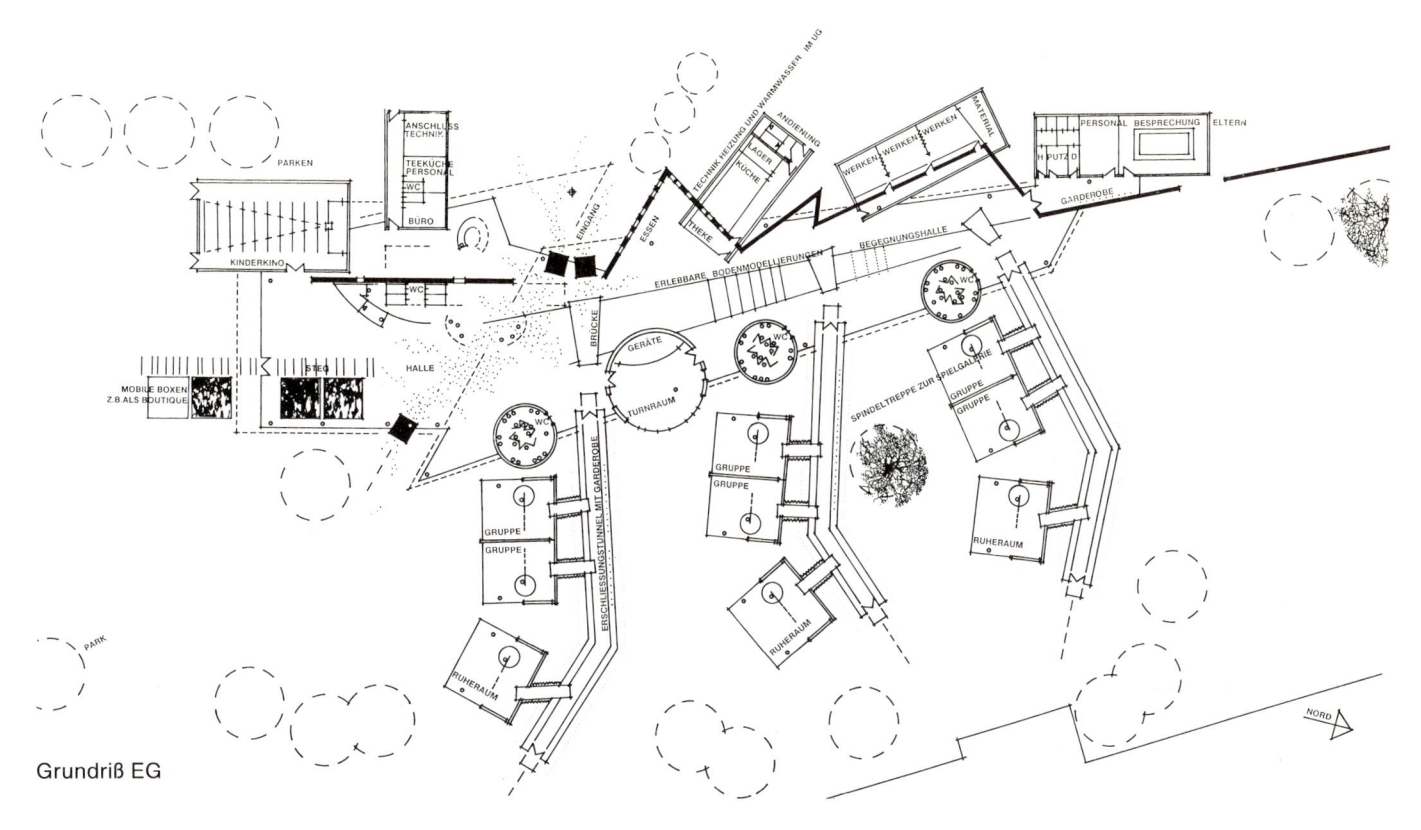

61

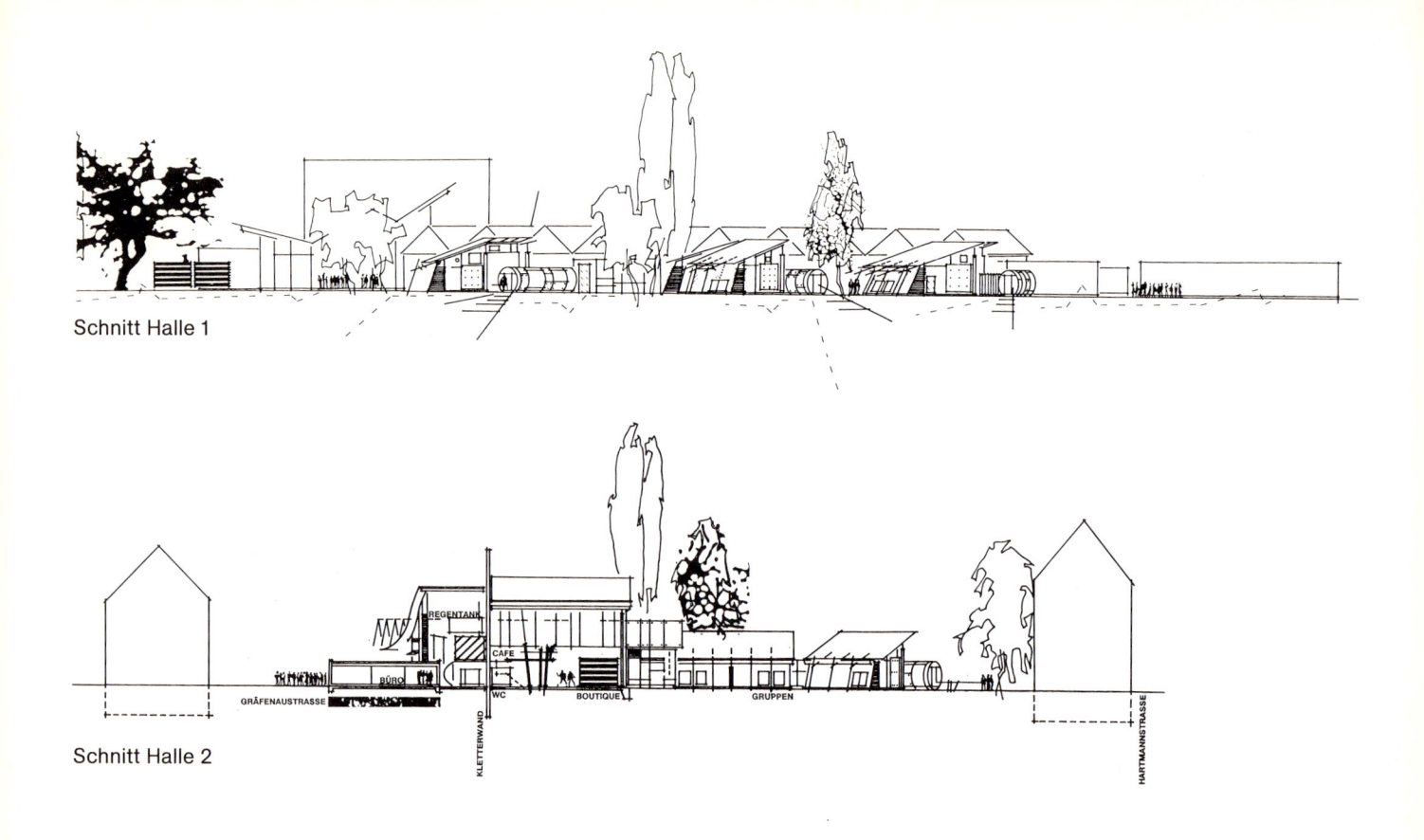

Schnitt Halle 1

Schnitt Halle 2

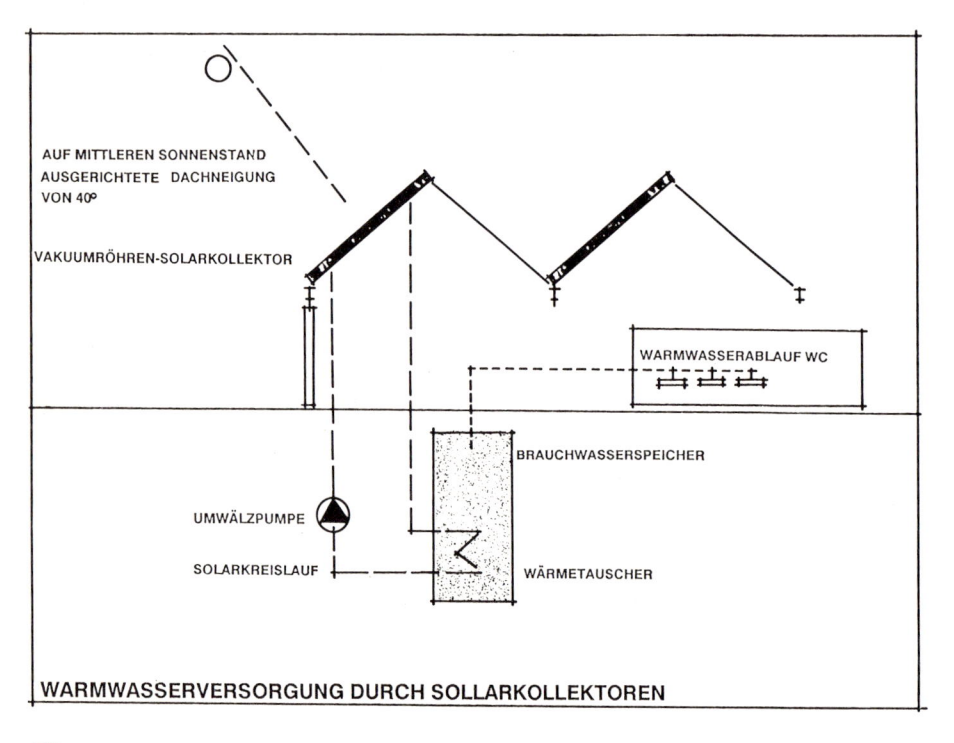

WARMWASSERVERSORGUNG DURCH SOLLARKOLLEKTOREN

AUF MITTLEREN SONNENSTAND AUSGERICHTETE DACHNEIGUNG VON 40°

VAKUUMRÖHREN-SOLARKOLLEKTOR

WARMWASSERABLAUF WC

BRAUCHWASSERSPEICHER

UMWÄLZPUMPE

SOLARKREISLAUF

WÄRMETAUSCHER

Zur Straße hin sind die dienenden Boxen angeschlossen und zur Innenhofseite die über Erschließungstunnel erreichbaren Gruppenräume. Die Gruppenräume sind mit dem dazugehörigen Ruheraum nach Süden ausgerichtet und öffnen sich zum Garten. Die geneigten Glasflächen der Südseite nutzen die direkte Sonneneinstrahlung, und die strahlungsreflektierende Rückwand fungiert als Wärmespeicher. Um einer Überhitzung in den Sommermonaten vorzubeugen, ist ein Sonnenschutz den Glasflächen vorgeschaltet. In den Glasflächen eingelassene Photovoltaik-Elemente dienen, gekoppelt mit einem Energiespeicher, der Strom-Versorgung der Gruppenräume.

Die geschlossene Nordwandfläche löst sich durch ein Lichtband vom Dach. Stahlpfetten und Holzsparren bleiben sichtbar und veranschaulichen so Konstruktionsmöglichkeiten.

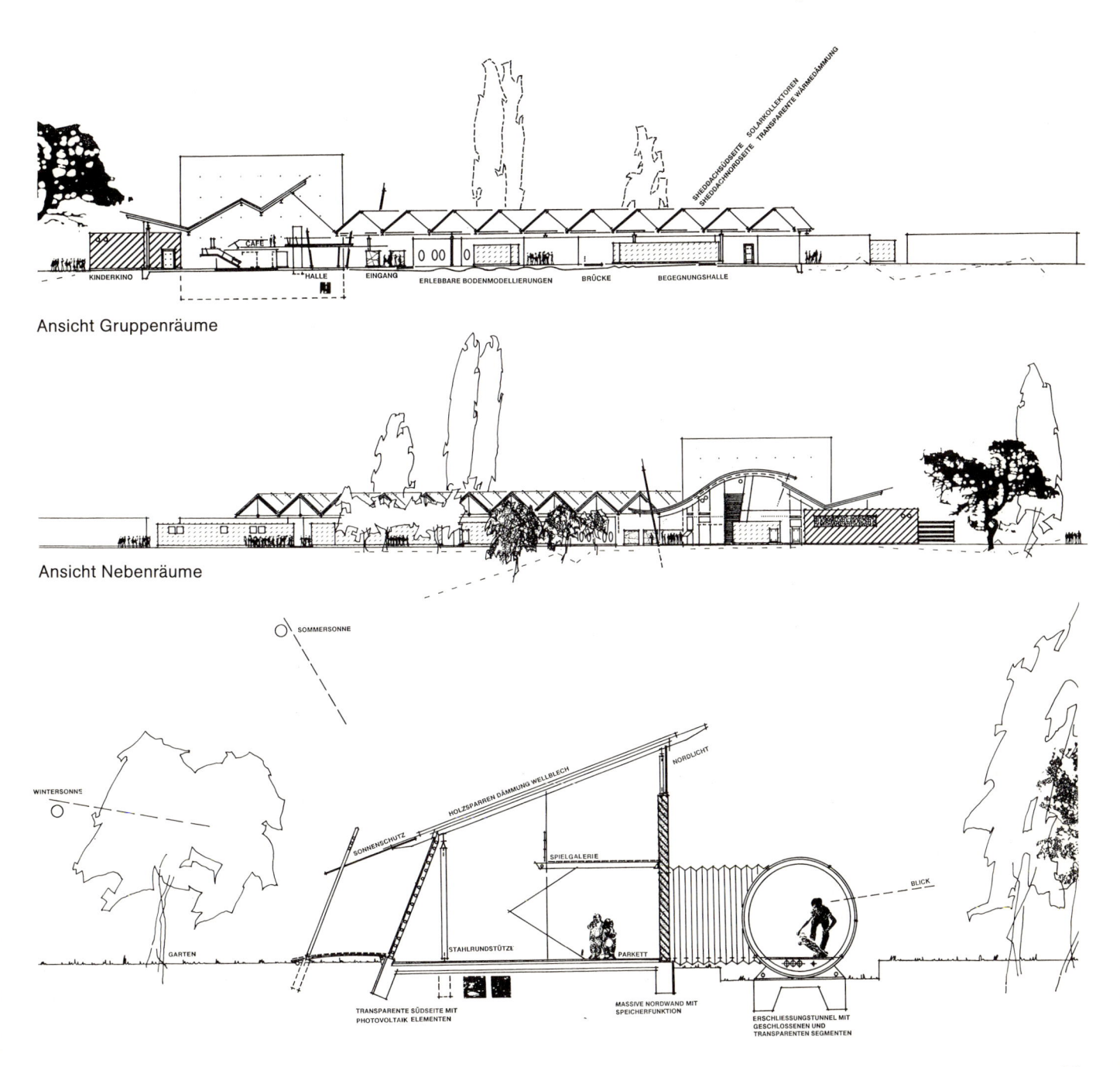

Ansicht Gruppenräume

Ansicht Nebenräume

Rob Shafer